COLLOQUIUM DIDACTICUM



Manfred Fuhrmann

# Redekunst am Beispiel Ciceros

## Voraussetzungen, Mittel, Ziele

Ernst Klett Verlag
Stuttgart Düsseldorf Leipzig

**Colloquium Didacticum**
Schriften zur Praxis des altsprachlichen Unterrichts

Band 2:

Manfred Fuhrmann
Redekunst am Beispiel Ciceros.
Voraussetzungen, Mittel, Ziele

Weitere Bände der Reihe:

Band 1: Georg Veit, Fabula agitur.
Gedanken und Hilfen zum lateinischen Schultheater
(Klettnr. 6131)

Band 3: Bernd Schümann, Caesar und die Kelten.
Begleitbuch zur Lektüre des „Bellum Gallicum"
(Klettnr. 6133 – erscheint im 1. Halbjahr 1998)

1. Auflage 1 5 4 3 2 1 | 2001 00 99 98 97

Die letzte Zahl bezeichnet das Jahr dieses Druckes.

Satz: Wilhelm Röck, Weinsberg
Druck: Wilhelm Röck, Weinsberg
ISBN 3-12-613200-6

# Inhalt


Vorwort . . . . . . 5

I Rhetorik als Überredungskunst und das Problem der Wahrheit . . . . . . 6
1 Die Gegenstände und Ziele der Rhetorik . . . . . . 6
2 Die Geschichte der Rhetorik . . . . . . 7
3 Der Streit um die Wahrheit . . . . . . 12
4 Rhetorik in der Moderne . . . . . . 18
5 Didaktische Aspekte . . . . . . 22

II Das System der rhetorischen Theorie . . . . . . 25
1 Schemata und Termini . . . . . . 25
2 Systeme und Systemlogik . . . . . . 28
3 Die Rhetorik als Vorbild . . . . . . 30
4 Die wichtigsten Schemata der rhetorischen Theorie . . . . . . 34

III Gerichtswesen und Prozessformen in Rom . . . . . . 36
1 Römisches Strafrecht in der modernen Wissenschaft . . . . . . 36
2 Das Strafrecht und die Prozessformen . . . . . . 38
3 Strafrecht und Politik im Zeitalter der Revolution . . . . . . 45
4 Der Verres-Prozess . . . . . . 48

IV Prozesstaktik in Reden Ciceros . . . . . . 54
1 Taktik als Verführungskunst . . . . . . 54
2 Der Redeaufbau in Theorie und Praxis . . . . . . 58
3 Aufbau zu persuasiven Zwecken . . . . . . 61
4 Weitere Beispiele taktisch bedingten Redeaufbaus . . . . . . 65

V Texttypen in Reden Ciceros . . . . . . 71
1 Drei Texttypen . . . . . . 71
2 „Pro Sexto Roscio Amerino" . . . . . . 73
(2.1 Aus der narratio, §§ 14–16; 2.2 Aus der argumentatio, §§ 125–126; 2.3 Aus der peroratio, §§ 153–154)
3 „Pro Milone" . . . . . . 80
(3.1 Aus der narratio, §§ 28–29; 3.2 Aus der argumentatio, §§ 53–54; 3.3 Aus der peroratio, §§ 103–105)

Anmerkungen . . . . . . 87
Literaturhinweise . . . . . . 91

SACELLUM AMICITIAE

*Opgedragen*
*aan A. D. Leeman*
*na vele jaren*
*van gedachtenwisseling*
*en gemeenschappelijk werk*

# Vorwort

„Aus dem Kollegenkreis ist der Wunsch nach Rhetorik laut geworden, wobei vor allem ein Brückenschlag zwischen den klassischen Texten (Cicero) und Beispielen politischer Rede in der Gegenwart ... anzustreben wäre." Mit diesem Hinweis in einem Brief aus Graz begann vor zwei Jahren die Entstehungsgeschichte des vorliegenden Bändchens. Im März 1996 fanden sowohl in der Steiermark als auch in Kärnten Fortbildungsseminare statt, die dem Verfasser Gelegenheit gaben, die hier vereinigten Beiträge in einer ersten, rohen Fassung zu erproben. Die Resonanz ermutigte den Verlag und den Verfasser, ein kleines Buch daraus zu machen.

Die Rhetorik beansprucht in den Lektürestunden des Lateinunterrichts – wohl hauptsächlich auf Kosten der Geschichtsschreibung – einen noch stets wachsenden Raum, und so sind denn in jüngster Zeit auch einige nützliche Hilfsmittel dafür entstanden. Die hier verhandelten Themen wurden indes dortselbst kaum berücksichtigt; statt des Grundsätzlichen dominiert in der bisherigen didaktischen Literatur der Einzelfall, das Detail.

Diese Feststellung mag rechtfertigen, warum hier der von den steirischen Lehrern gewünschte Brückenschlag zur Gegenwart nur zum Teil gewagt worden ist: auf dem Felde der rhetorischen Theorie, nicht auch auf dem der rhetorischen Praxis. Es gab zunächst noch anderes zu tun – vor allem sollten die Rahmenbedingungen der römischen Beredsamkeit die ihnen gebührende Aufmerksamkeit finden. Diesem Zweck dienen die drei ersten Beiträge: sie befassen sich mit der Rhetorik überhaupt sowie mit dem rhetorischen System und schließlich mit dem römischen Strafrecht und Strafprozess. Die beiden letzten Abschnitte bringen Beispiele für die beiden Bereiche rhetorischer Operationen: für die dem Überredungszweck förderliche Komposition des Ganzen und für die Wortkunst im Detail, d. h. für drei hervorstechende Texttypen und deren sprachlich-stilistische Merkmale.

# Rhetorik als Überredungskunst und das Problem der Wahrheit

1. Die Gegenstände und Ziele der Rhetorik.
2. Ein Überblick über die Geschichte der Rhetorik – in Griechenland, in Rom, im Mittelalter und in der Neuzeit – sowie über die Traditionsverluste, die im 18. und 19. Jahrhundert eingetreten sind.
3. Die griechischen Befürworter und Kritiker der Rhetorik; Platons Polemik gegen die Sophisten und die vermittelnde Stimme des Aristoteles: warum sich Rhetorik oft mit Glaubwürdigkeit (statt der Wahrheit) begnügen kann und muß. Zur Klärung der Problematik wird eine moderne Texttheorie hinzugezogen: die Unterscheidung inhalts-, form- und appellbetonter Texte.
4. Moderne Positionen gegenüber der Rhetorik sowie der Versuch, Rhetorik von totalitärer Propaganda abzugrenzen: die Rhetorik lässt sich als formale Disziplin nicht ohne Berücksichtigung des politischen Systems würdigen, dem sie dient.
5. Didaktische Aspekte der Beschäftigung mit rhetorischen Erzeugnissen.

## 1 Die Gegenstände und Ziele der Rhetorik

Die Rhetorik, die Theorie der Beredsamkeit, das Regelgefüge, das sich all denen empfiehlt, die wirksame Reden anfertigen und halten möchten, dieses neben der Philosophie wichtigste Bildungsinstrument der antik-europäischen Kultur ist dem Inhalt nach ein Compositum mixtum aus Stilistik und Argumentationstechnik.

Zur Stilistik gehören vor allem die Lehre vom rhetorischen Satzbau, von der Periode, sowie die Beschreibung der sogenannten Figuren, zumal bestimmter Formen erlaubter Wortwiederholungen, und schließlich das Problem des richtigen und treffenden Ausdrucks, insbesondere der Metapher und anderer Arten bildhafter Sprache.

Zur Argumentationstechnik wiederum, zur Theorie von den Beweismitteln, gehört an erster Stelle allerlei Wissen, das dem Redner gegenwärtig sein muss, die sogenannten Gemeinplätze, d. h. politische und moralische Maximen, deren Glaubwürdigkeit auf der allgemeinen Lebenserfahrung beruht; hierzu gehört weiterhin die Fähigkeit, mit den formalen Prozeduren des Exempels – der rhetorischen Induktion – und des Enthymems – der rhetorischen Deduktion –, umzugehen.

Verbale und argumentative Wendigkeit sind somit die beiden vornehmsten Bereiche, in denen die Rhetorik gewisse führende Schichten heimisch zu machen sich angelegen sein ließ – in Europa, vom 5. vorchristlichen bis zum 18. nachchristlichen Jahrhundert.

Die Rhetorik hat von Anfang an zwei miteinander zusammenhängenden, jedoch durchaus nicht identischen Zwecken gedient:

- Sie sollte einer Elite von Politikern und Sachwaltern das für ihren Beruf erforderliche Rüstzeug verschaffen, sie sollte somit für öffentliche Reden tauglich machen.
- Sie sollte einer breiten bürgerlichen Schicht zu einem möglichst hohen Standard im schriftlichen und zumal im mündlichen Umgang mit Sprache und hiermit zu einer Art Allgemeinbildung verhelfen.

Bei alledem war die Integrationsfunktion der gesprochenen Rede oberstes Prinzip, d. h. die Rhetorik suchte dem gewaltlosen Wort ein Maximum an Durchschlagskraft zu verleihen und so für ein möglichst konfliktarmes menschliches Zusammenleben zu sorgen. Ihre Früchte sollten sich nicht nur in der großen Dimension, in den Institutionen des Staates, bemerkbar machen, sondern auch im Privatleben mit all seinen Feiern und Festlichkeiten, seinen ernsten und heiteren Anlässen. Schon das älteste erhaltene Lehrbuch, die sogenannte „Rhetorica ad Alexandrum" (sie ist unter dem Namen des Aristoteles überliefert, hat indes sehr wahrscheinlich den Schriftsteller Anaximenes von Lampsakos zum Verfasser), vermerkt sogleich zu Beginn, dass nicht nur die öffentlichen Zusammenkünfte, sondern auch der private Umgang zur Domäne der methodisch geübten Beredsamkeit gehören.[1]

## 2 Die Geschichte der Rhetorik

Das politische Leben der Griechen und Römer unterschied sich von dem der Völker des alten Orients dadurch, dass ihm nicht nur die Monarchie, sondern auch Verfassungen geläufig waren, welche die öffentliche Gewalt auf eine Vielzahl von Staatsangehörigen verteilten: auf eine Elite (dann herrschte ein aristokratisches Regime) oder auf alle erwachsenen männlichen Bürger (dann trug die Regierungsform den Namen Demokratie). Diese Systeme, die gewöhnlichen, in Griechenlands und Roms besten Zeiten einzig legitimen Staatsverfassungen, trafen die wichtigsten Entscheidungen durch Organe mit großen Mitgliederzahlen: durch die Volksversammlung, den Ältestenrat und die Gerichtshöfe. Dort aber war man, um Beschlüsse fassen und Urteile fällen zu können, darauf angewiesen, dass einzelne Sprecher vor die Menge traten und ihr zu Ohren das Für und Wider der je gegebenen Möglichkeiten erörterten.

So stellte sich eine üppige Praxis der öffentlichen Rede ein sowie die zugehörige Lehre, die Rhetorik. Überall, wo in den sei es aristokratisch, sei es demokratisch regierten Stadtstaaten die von der Verfassung vorgesehenen, meist vielhundertköpfigen Organe tagten, machten Redner es sich zur Aufgabe, die Versammelten zu einer Entscheidung zu bewegen, indem sie mit Kunst und Geschick ihre Deutung der jeweiligen Situation, ihre Überzeugung, was zu tun sei, als richtig und förderlich hinzustellen suchten. Die Beredsamkeit und ihr Instrumentarium war somit ursprünglich, als sie zunächst in Griechenland und später in Rom aufkam, an scharf fixierte Voraussetzungen gebunden: an Institutionen, die es gestatteten und erforderlich machten, dass durch Debatten, durch Reden und Gegenreden, eine möglichst vorteilhafte Lösung der je anstehenden Probleme angestrebt wurde. Dem Grundsatz nach war die Entscheidung offen, und die Versammelten konnten frei wählen, welchen der Vorschläge, die die Redner ihnen unterbreitet hatten, sie mehrheitlich gutheißen wollten.

Als der Makedonenkönig Philipp der Selbstherrlichkeit und Unabhängigkeit der griechischen Städte auf immer ein Ende bereitete, war es mit der souveränen Beredsamkeit eines Demosthenes und anderer vorbei. Das hatte jedoch nicht zur Folge, dass es auch mit der Rhetorik vorbei war, mit der mehrjährigen intensiven Unterweisung in der Kunst des Redens. Einmal bestand nach wie vor – im Rahmen fortdauernder kommunaler Selbstverwaltung – ein erheblicher Bedarf an wortgewandten Politikern, und zum anderen begann die Rhetorik jetzt erst in vollem Maße dem Zweck zu dienen, der oben als ihr zweiter namhaft gemacht wurde: Sie avancierte zum Hauptinhalt der gehobenen Allgemeinbildung und verbürgte einen für die ganze griechische und griechisch beeinflusste Welt verbindlichen hohen Standard des Umgangs mit der griechischen Sprache.

In Rom nahmen die Dinge einige Jahrhunderte später einen erstaunlich ähnlichen Verlauf. Denn zunächst, als man sich dort neben vielem anderen griechischen Import auch das weitverzweigte Gebäude der rhetorischen Theorie zu eigen machte, im 2. Jahrhundert v. Chr., im Zeitalter der späten Republik, herrschten noch Zustände, die jedenfalls einem durch die Herkunft privilegierten Teil der Bürgerschaft, dem Adel, einen freien Aktionsraum zugestanden. Folglich gewann dort die Rhetorik ihre ursprüngliche Funktion zurück, d. h. sie diente wieder, wie während des 5. und 4. Jahrhunderts v. Chr. in Griechenland, als Anleitung zu politischer Wirksamkeit. Und als nach schweren Krisen und langwierigen revolutionären Prozessen ein monarchisches Regime, die Herrschaft der Cäsaren, die Republik ablöste, verwandelte sich die Rhetorik abermals in die übliche Form der Jugendbildung, die, der modernen Philologie vergleichbar, ein intensives Programm der Autorenlektüre und der praktischen Stilistik anbot und so ein hohes Niveau in der öffentlichen und privaten Handhabung des Wortes zu gewährleisten suchte – nunmehr in den beiden führenden Sprachen des römischen Reiches, im Griechischen wie im Lateinischen.

Im 4. Jahrhundert n. Chr., als das Christentum von der griechisch-römischen Welt Besitz ergriff, ging die Rhetorik gleich manchem anderen Element der heidnischen Kultur im neuen Kanon der christlichen Bildung auf, sie wurde ein Teil des Systems der sieben Artes liberales und diente in diesem Rahmen als Propädeutikum für das Verständnis der biblischen Schriften sowie als Anleitung für das Verfertigen von Predigten. Ablesbar ist dieser Vorgang vor allem an der Enzyklopädie des Martianus Capella (spätes 4. Jahrhundert) sowie an dem „Institutiones" betitelten Studienführer, den Cassiodor (6. Jahrhundert) für seine Mönche zusammenstellte, in beiden Werken hat die Rhetorik innerhalb des sprachlichen Triviums neben der Grammatik und der Dialektik ihren festen Platz. So ist sie dann in der mittelalterlichen Klosterschule, wenn auch meist aufs Elementare reduziert, lebendig geblieben: lateinisch im römisch-katholischen Westen, griechisch im byzantinisch-orthodoxen Osten.

Die Humanisten haben ihr im 15. Jahrhundert ihr einstiges breites Fundament zurückgegeben. Hierzu trug nicht wenig bei, dass Poggio Bracciolini, als päpstlicher Sekretär Teilnehmer am Konstanzer Konzil (1414–1418), in St. Gallen ein vollständiges Exemplar der „Institutio oratoria" Quintilians entdeckte, der umfassendsten Darstellung der Rhetorik, die zuvor weithin nur in arg verstümmelter Gestalt verbreitet gewesen war. Die Humanisten verschafften der Disziplin eine Blüte, die bis zum 18. Jahrhundert andauerte: An den Universitäten herrschte nach wie vor das Lateinische, und im ebenfalls lateinischen Gymnasialunterricht, der auf das Universitätsstudium vorbereitete, gipfelte der auf der Grammatik und der Autorenlektüre aufbauende Lehrplan in der Rhetorik als dem Pensum der beiden obersten Klassen.

In der zweiten Hälfte des 18. Jahrhunderts erlahmte und erlosch die Anziehungskraft der Rhetorik. Eine Tradition, die sich über alle politischen und geistigen Umwälzungen hinweg von der griechischen Klassik bis zur europäischen Aufklärung hatte behaupten können, schwand bis auf einige Reste dahin.[2] Man hat, um diesen erstaunlichen Vorgang zu erklären, politisch-soziale Ursachen namhaft gemacht. Walter Jens z. B. meinte, der Abschied von der Rhetorik sei darauf zurückzuführen, dass sich das deutsche Bürgertum, in einer Scheinwelt der Ideen und der schönen Künste befangen, ein Surrogat für seine politische Ohnmacht geschaffen habe: die Verachtung, der die Rhetorik anheimfiel, sei ein Stück bürgerlicher Eskapismus-Ideologie gewesen.[3] Diese These befriedigt nicht. Die neuzeitliche Blüte der Rhetorik war zuallererst ein Phänomen der Bildung, der Wissenschaft: Es ging, wie erwähnt, um die Beherrschung des Lateinischen als unentbehrlicher Voraussetzung für die akademischen Berufe. Die politische Funktion der Rhetorik aber erschöpfte sich während des höfischen Zeitalters im Preis des Bestehenden, in Herrscherlob und Festreden. Wer sich hiervon distanzierte, sagte nicht jedweder politischen Haltung Valet, sondern nur einer bestimmten.

Der Niedergang der Rhetorik – ein gesamteuropäisches und keineswegs nur deutsches Phänomen – war kaum durch politische Verhältnisse und Einstellungen bedingt; er hatte seine Hauptursache im kulturellen Wandel. Die Nationalsprachen verdrängten das Lateinische im Laufe des 18. Jahrhunderts so ziemlich aus den letzten Bastionen, die es noch gehalten hatte: aus der Lehre der Universitäten und aus den Wissenschaften. Folglich bedurfte, wer zu studieren gedachte, nicht mehr der aktiven Beherrschung des Lateinischen, und so verschwanden die beiden Rhetorik-Klassen aus dem gymnasialen Curriculum. Deren Inhalte aber, das rhetorische Regelwerk und der rhetorische Drill, wurden nur zu Teilen in den nationalsprachlichen Unterricht aufgenommen, etwa in die Lehre vom deutschen Aufsatz – eine analoge Entwicklung zu dem, was einst die Römer angesichts der griechischen Rhetorik getan hatten, fand nicht statt. Hier scheint sich der neue Geist des Subjektivismus: der Glaube an die Originalität und das Streben nach individuellem Ausdruck, hindernd ausgewirkt zu haben, sodass es dem System der Rhetorik, statt dass man sich um einen vollen nationalsprachlichen Ersatz für die unnütz gewordene lateinische Version bemüht hätte, kaum anders erging als der Poetik, der Dichtungstheorie, einem ähnlichen Inbegriff von Normen, den man von der Sturm-und-Drang-Zeit an ebenfalls mit Entschiedenheit hinter sich zu lassen wünschte.

Das rhetorische Lehrgebäude und das Einüben bestimmter Schemata gerieten also allmählich in Vergessenheit. Dieser Traditionsverlust wirkte sich indes während des 19. Jahrhunderts nicht weiter negativ aus, die praktische Beredsamkeit erlebte vielmehr eine Zeit hoher Blüte, und zwar auf allen Gebieten, besonders im politischen Bereich.[4] Zur Erklärung dieser paradox scheinenden Entwicklung lässt sich ins Feld führen, dass das Gymnasium noch stets an einem erheblichen Teil des überkommenen rhetorischen Lehrprogramms festhielt: Im Latein- und Griechischunterricht, der etwa die Hälfte des Stundenplans beanspruchte, wurden nach wie vor die antiken Muster, insbesondere Cicero und Demosthenes, mit Eifer studiert, sodass die Schüler eine lebendige Vorstellung von den Techniken und Wirkungen der Rhetorik erhielten. Außerdem wird der allmählich erstarkende Deutschunterricht mit seinem neuen Kanon deutscher Klassiker nicht wenig zum Flor der öffentlichen Rede beigetragen haben, und schließlich muss man berücksichtigen, dass sich die den Geschmack und das Ausdrucksvermögen unmerklich und doch nachhaltig bildende Autorenlektüre im bürgerlichen Zeitalter nicht auf das von der Schule vorgeschriebene Pensum beschränkt hat. Eine weit verbreitete, auch für die Fachliteratur maßgebliche Sprachkultur begründete einen Standard öffentlicher Rede, dem die Politiker jedweder Observanz gerecht zu werden suchten.

Auf die rednerische Praxis des 20. Jahrhunderts kann hier nicht eingegangen werden. Sie wucherte, meist gänzlich von der Kontrolle durch die traditionelle Rhetorik gelöst, in verschiedene Richtungen und bietet daher ein buntes, in Satzbau und Wortwahl überaus facettenreiches Bild dar. Der Totalitarismus brachte die Extreme des monotonen kommunistischen Jargons und der grellen nationalsozialistischen Propaganda hervor. Auch sonst hat sich wohl ein allgemeinverbindlicher Standard je später desto weniger geltend machen können, nicht nur, weil die moderne Parteiendemokratie Politiker sehr verschiedener Herkunft und Bildung zu Einfluss und Ansehen brachte, sondern auch, weil die zunehmende Bedeutung der Wissenschaft und zumal der Technik in allen Bereichen des öffentlichen Lebens zur Folge hatte, dass die öffentliche Rede mehr und mehr in die Abhängigkeit der Experten und ihres Fachjargons geriet.

Seit einigen Jahrzehnten sind sich zahlreiche Geistesgelehrte verschiedener Disziplinen des Vakuums bewusst geworden, das die hier skizzierten Veränderungen der letzten zweihundert Jahre hervorgerufen haben.[5] Zumal das Regelwerk der rhetorischen Theorie, zunächst verachtet und dann vergessen, feierte fröhliche Urständ, wofür in deutschen Landen zumal Heinrich Lausbergs voluminöses „Handbuch der literarischen Rhetorik", erstmals erschienen im Jahre 1960[6], als symptomatisch gelten kann. Seither hat eine Fülle von einschlägigen Publikationen, darunter eigens der Rhetorik sich widmende Zeitschriften oder das große „Historische Wörterbuch der Rhetorik", dessen erste Bände nunmehr vorliegen[7], haben ferner Kongresse, Kolloquien sowie mancherlei Kurse für Sprach- und Literaturlehrer breiteren Kreisen bekannt gemacht, dass sich nunmehr – neben neuen, sei es kommunikationswissenschaftlichen, sei es semiotischen Ansätzen, die ebenfalls unter der Flagge ‚Rhetorik' segeln[8] – auch das altüberkommene Lehrgebäude, das bis zum 18. Jahrhundert Gemeinbesitz aller Gebildeten war, wieder nicht geringer Beachtung und Pflege erfreut. Allerdings: der neue Impuls scheint über die akademische Bannmeile noch nicht erheblich hinausgefunden zu haben; dass sich die Wiederentdeckung der rhetorischen Theorie, in Szene gesetzt von Philosophen, Linguisten und Literaturwissenschaftlern, bereits erkennbar auf die Praxis der öffentlichen Rede auswirke, lässt sich schwerlich behaupten.

## 3 Der Streit um die Wahrheit

Die von der herkömmlichen Rhetorik dargebotenen Kunstgriffe und Techniken, das Ensemble ihrer argumentativen und stilistischen Mittel, gelten als suspekt, als anfechtbar in moralischer Hinsicht; es gibt eine die Geschichte der Rhetorik wie ein Schlagschatten begleitende Tradition der Rhetorikkritik, die bis auf Platon zurückgeht. Diese Kritik ist in der Hauptsache durch das Verhältnis bedingt, das der rhetorisch versierte Redner zur Wahrheit, zur Wirklichkeit einzunehmen pflegt, ein vom streng sittlichen Standpunkt aus als problematisch erscheinendes Verhältnis, das dazu führt, dass im Konfliktfalle der Wahrscheinlichkeit vor der Wahrheit der Vorzug eingeräumt wird.

Zur Eingrenzung und klaren Bestimmung dessen, worum es hier geht, ist es dienlich, auf eine Unterscheidung, eine Klassifikation von Texten zurückzugreifen, die um eines anderen Zweckes, um der Übersetzungskritik willen getroffen worden ist, die sich jedoch auch für das vorliegende Problem nutzbar machen lässt.[9] Hiernach kann man die Vielfalt der vorhandenen Texte auf drei Grundtypen zurückführen, auf die Dreiheit inhaltsbetonter, formbetonter und appellbetonter Texte. Inhaltsbetont sind Gebrauchstexte wie Urkunden oder Briefe, ferner die gesamte Fachliteratur. Zu den formbetonten Texten zählen Gedichte, Dramen oder Romane, kurz die sogenannte schöne, die fiktionale Literatur. Als appellbetont haben schließlich die öffentlichen Reden, seien sie politischen oder forensischen Inhalts, ferner Predigten sowie bestimmte Formen der Kritik, z. B. Satiren und Invektiven, zu gelten.

Es leuchtet sofort ein, dass in diesen drei Grundtypen von Texten ein je verschiedenes Verhältnis zu dem obwaltet, was man als Wahrheit bezeichnet. Bei inhaltsbetonten Texten, etwa bei Sachbüchern, ist das Verhältnis zur Wahrheit offensichtlich ganz unproblematisch: hier soll ja, wie jedermann weiß, möglichst zutreffend und genau dargelegt werden, was über einen bestimmten Gegenstandsbereich bekannt ist. Auch bei formbetonten Texten, bei Romanen und dergleichen, bereitet das Verhältnis zur Wahrheit jedenfalls dem heutigen Betrachter keine Schwierigkeit; diese Texte enthalten ja, wie ebenfalls jedermann weiß, Erfundenes und Erdachtes; sie sind, wie der literaturwissenschaftliche Fachausdruck lautet, fiktional. Hiermit ist allerdings noch nicht alles über sie gesagt: Literaturwerke erstreben bei aller Fiktionalität eine jenseits des Faktischen angesiedelte, eine ‚höhere', auf einer symbolischen Ebene befindliche Wahrheit.

Die Anerkennung dessen, was heutzutage als Fiktion gilt, hat übrigens den Griechen – und nicht nur ihnen – einige Mühe bereitet. Hierauf sei deshalb kurz eingegangen, weil die fiktionalen Texte hinsichtlich ihres Realitätsgehalts ein ähnliches Schicksal erlitten haben wie die appellierenden: Sie wurden von der Kritik, zumal der philosophischen, vor das Tribunal der Wahrheit zitiert und abgeurteilt.[10] Die Reflexion über Texte musste jahrhundertelang mit der Alternative ‚Wahrheit oder Lüge' auskommen, wobei man unter Wahrheit stets nur die unmittelbar sich darbietende Wirklichkeit verstand – dies führte schließlich zu dem grotesken Verdikt, dem Platon die literarische Tradition der Griechen, insbesondere die homerischen Epen, unterwarf. Immerhin hatte schon der Sophist Gorgias einen berühmten Ausspruch getan: Die Tragödie, sagte er, biete eine Täuschung dar, bei der, wer täusche, mehr recht habe als der, der nicht täusche, und der, der sich täuschen lasse, klüger sei als der, der sich nicht täuschen lasse.[11] Hiermit war die Fiktion, die Illusion entdeckt und als künstlerisches Ausdrucksmittel erfasst. Aristoteles hat dann etwa ein Jahrhundert später die Zweischichtigkeit der Dichtung auf den Begriff gebracht: dass sich deren Wahrheitsgehalt nicht nach den konkreten Geschehnissen bemesse, sondern nach der dahinterstehenden allgemeinen Bedeutung.[12]

Zurück zur Wahrheitsfrage bei den drei Texttypen. Sie muss für appellbetonte Texte abermals anders beantwortet werden als für inhalts- oder formbetonte. Appellierende Texte, kurz politische Reden und Ähnliches, suchen die Adressaten zu einem bestimmten Verhalten, zu einer bestimmten Handlung zu veranlassen. Um diesen Zweck zu erreichen, müssen sie auf deren geistigen Horizont, auf deren Wissen und Fassungsvermögen Bedacht nehmen, sie müssen das bringen, was den Adressaten als glaubwürdig erscheint. Im Lauf der Welt aber ist weder das Wahre immer wahrscheinlich und glaubwürdig noch das Unwahre immer unwahrscheinlich und unglaubwürdig. So erklärt sich, dass der appellierende, einen bestimmten Zweck anstrebende Redner im

Extremfalle mit Absicht von der Wahrheit abweicht und statt ihrer eine den Regeln der Wahrscheinlichkeit gehorchende Darstellung bevorzugt.

Die sizilischen Redelehrer Teisias und Korax (5. Jahrhundert v. Chr.) haben diese Praxis mit Hilfe des folgenden Beispiels zu illustrieren versucht[13]:

> Ein Schwächling, der keine Furcht kennt, hat einen starken Mann, ein Hasenherz, beraubt; es kommt zur Gerichtsverhandlung. Keiner sagt die Wahrheit; beide tragen eine für sie günstige und zugleich wahrscheinliche Konstruktion des Hergangs vor. Der Kläger behauptet, um nicht seine Feigheit eingestehen zu müssen, der Angeklagte habe Komplizen gehabt; der Angeklagte bestreitet dies und erklärt zudem, er allein habe die Tat, schmächtig wie er sei, gar nicht ausführen können.

Es ist unwichtig, ob dieses Exempel dem heutigen Leser noch ebenso einzuleuchten vermag, wie es dem Anscheine nach den Zeitgenossen der Sophisten eingeleuchtet hat: es kommt auf das Prinzip an. Dass die Kategorie des Wahrscheinlichen nicht nur um des Horizonts der Adressaten willen, sondern auch wegen der typischen Beschaffenheit der Themen als die Domäne par excellence appellierender Texte zu gelten hat, wird noch zu erörtern sein (s. u. S. 16f.).

Die Rhetorik als die Kunst, das je Wahrscheinliche und Glaubwürdige um bestimmter Zwecke willen ins Feld zu führen: diese Position haben bereits deren Erfinder eingenommen, die Sophisten. Sie waren die Sendboten einer Bildungs- und Aufklärungsbewegung, die allenthalben das Herkommen, die Überlieferung mit ihren religiösen und ethischen Bindungen – das mythische Weltbild, die Normen der Adelskultur usw. – vor das Tribunal der Vernunft zitierten und nach Kriterien, die sie für sachgerecht hielten, zu ändern suchten. Sie waren Wanderlehrer, sie propagierten eine neue, von den alten Autoritäten emanzipierte Bildung und wollten ihren Schülern zu erfolgreichem Handeln verhelfen, zumal auf dem Felde der Politik. Zu diesem Zweck vermittelten sie einmal allerlei Sachwissen sowie zum anderen zwei Methoden, deren Beherrschung das Durchsetzungsvermögen steigern sollte: die Dialektik oder Disputierkunst und die Rhetorik oder Kunst der zusammenhängenden Rede.

Die Sophisten pflegten nichts als unumstößliche Tatsache hinzunehmen, weder in der Sprache noch in der Religion noch in der Moral noch im Recht; sie machten so ziemlich alles zum Gegenstand ihres kritischen Nachdenkens. Sie verwendeten hierbei vornehmlich zwei Argumentationsweisen, die nicht selten zu gegensätzlichen Ergebnissen führten: die empiristische und die rationalistische. Die empiristische Methode lenkte den Blick sofort auf die Wirklichkeit. Man beobachtete z. B., wie verschieden Moral und Sitte bei den Völkern in aller Welt beschaffen seien, und gelangte so zu einer relativistischen Haltung, da es ja angesichts der Vielfalt der existierenden Normen unmöglich sei, bestimmte Normen für unverbrüchlich und allgemeinverbindlich zu erklären. Die rationalistische Methode hingegen ging von Idealen jenseits aller Wirklichkeit, von konstruierten Normen aus; sie maß hieran und beurteilte hiernach die Erscheinungen, welche die Wirklichkeit darbot. In dieser Weise verglich man z. B. die positiven Rechte der einzelnen Staaten und Völker mit dem sogenannten Naturrecht, d. h. mit Prinzipien, die man für zeitlos und allgemeingültig hielt.

Der wichtigste Repräsentant der sophistischen Rhetorik war der bereits erwähnte Gorgias von Leontinoi (etwa 480–380 v. Chr.). Er bekannte sich zu einer radikal empiristischen und relativistischen Haltung. Die Wahrheit, lehrte er, sei dem Menschen verschlossen, und es gebe nur mehr oder minder plausible Meinungen. Auf dieser Grundlage konnte er die Rhetorik mit bestem Gewissen für eine rein formale Disziplin erklären, der es einzig und allein auf die Wirkung, auf den Erfolg ankomme, ohne Rücksicht auf die – ja unzugängliche – Wahrheit. Er hielt daher jedes Mittel der Betörung und Täuschung für erlaubt – von seinem erkenntnistheoretischen Standpunkt aus zu Recht; denn wo es keine feste Wahrheit gibt, dort gibt es auch keine unbezweifelbare Lüge. Mit Gorgias schlug das Pendel der griechischen Wahrheitsdebatte ins negative Extrem aus. Auch er unterwarf, wie die Tradition vor ihm und wie nach ihm noch einmal Platon, alle Arten von Texten, fiktionale wie nichtfiktionale, der einen Alternative ‚Wahrheit oder Lüge'; er unterschied sich nur darin von dieser Tradition, dass er die ‚Lüge' für erlaubt, ja für unvermeidlich hielt, nicht nur – womit er recht hatte – auf dem Felde der fiktionalen Literatur, der Dichtung (sein gescheiter Ausspruch über die Tragödie wurde schon zitiert, s. o. S. 13), sondern auch – womit er entschieden über das Ziel hinausschoss – im Bereich der appellierenden, der rhetorischen Texte.

Gegen die von Gorgias und anderen gelehrte Lebens- und Überlebenskunst auf einem Ozean unsicherer Meinungen traten Sokrates und Platon an. Sie waren zwar beide, der Meister wie sein Schüler, nicht anders als die Sophisten fest davon überzeugt, dass die Zeiten unreflektiert übernommener Traditionen für immer vorbei seien. Hieraus folgerten sie indes gerade nicht, dass man sich mit einem erkenntnistheoretischen Skeptizismus und Relativismus begnügen müsse. Sie glaubten vielmehr, hierin dem rationalistischen Denkansatz zuneigend, dass die Vernunft die Tradition auf einer höheren Ebene ersetzen könne: durch ein neues, unwiderlegliches, allgemeingültiges Wertesystem. Platon zog von diesem rigoristischen, auf allen Gebieten mit unverbrüchlichen Normen rechnenden Standpunkt aus heftig gegen die sophistische Rhetorik zu Felde[14]: Die Redner, die sich deren Maximen zu eigen machten, suchten nur den großen Haufen zu gewinnen, ohne zu fragen, was gut und gerecht sei – sie trieben Missbrauch mit ihrer Redegewalt. Die Rhetorik könne daher auch nicht als Kunst oder Wissenschaft gelten; sie sei nichts als eine Routine, beliebige Zwecke zu erreichen.

Hier der resignierende Relativismus, dort die voreilige Überzeugung, dass überall unveränderliche und unwiderlegbare Überzeugungen maßgeblich sein müssten: zwischen diesen beiden einander entgegengesetzten Positionen der Sophisten und Platons hat Aristoteles vermittelt, indem er sie in die ihnen je gebührenden Schranken verwies.[15] Er, der die formbetonten, die poetischen Texte richtig einschätzte, der ihnen eine höhere Wahrheit jenseits des Faktischen zuerkannte, hat auch den Streit um die appellbetonten, die rhetorischen Aussagen geschlichtet.

Aristoteles tat dies, indem er statt mit einem ‚Entweder–Oder' mit einem ‚Sowohl–Als auch' rechnete: Nicht überall gibt es nur Meinungen, wie die Sophisten glaubten, und nicht überall vermag der Mensch die Wahrheit zu erkennen, wie Platon annahm. Der Mensch findet zwei Bereiche vor, in denen sich sein Erkenntnisvermögen auf je verschiedene Weise orientieren muss: den Bereich des Wissens und den des Meinens. Im Bereich des Wissens vermag er die lautere Wahrheit zu erkennen und ohne rhetorischen Aufwand mitzuteilen, z. B. in der Mathematik. Im Bereich des Meinens hingegen zeigt sich ihm die Wahrheit nur in Umrissen, in mehr oder weniger deutlichen, sodass es nur eingeschränkte Formen der Wahrheitserkenntnis, d. h. einen mehr oder weniger hohen Grad von Wahrscheinlichkeit gibt, etwa im Bereich des menschlichen Zusammenlebens, in der Ethik und der Politik.

Hiermit ist nach Aristoteles das Gebiet umschrieben, in dem die Rhetorik wirkt, nicht weil sie es sich angemaßt hat, sondern weil sie dort unentbehrlich ist. In politischen Reden geht es meist um Künftiges; die Aussagen aber, die sich darüber verbreiten, was eintreten wird, enthalten zwangsläufig nichts als Meinungen. Für Prozessredner wiederum, die sich über Vergangenes äußern, die zu rekonstruieren suchen, was sich ereignet hat, gilt nahezu dasselbe, da die zu Gebote stehenden Quellen lückenhaft und widersprüchlich sein können. Aristoteles lehrt, dass man überall nur den Grad an Genauigkeit verlangen dürfe, den das Wesen der Sache zulasse, und dort, wo dieser Grad verhältnismäßig niedrig sei, habe die Rhetorik ihr legitimes Betätigungsfeld[16]:

> Unsere Beratungen haben nur solche Dinge zum Gegenstand, die sich allem Anschein nach auf zweierlei Weise verhalten können. Denn das, was nicht anders sein, werden oder sich verhalten kann, macht niemand zum Gegenstand einer Beratung (sofern er annimmt, dass es sich so verhält) – das brächte ja nichts ein.

Aristoteles will die Rhetorik als formale Disziplin aufgefasst wissen, wie die Dialektik oder Logik, da sie keinen scharf abgegrenzten Themenbereich habe. Man dürfe ihr aber hieraus und aus ihrer dadurch bedingten moralischen Indifferenz keinen Vorwurf machen. Sie sei Teil der praktischen Philosophie und demgemäß an die Politik und die Ethik gebunden. Sie ziele auf das je erreichbare Höchstmaß an Wahrscheinlichkeit und Glaubwürdigkeit. Die jeweilige Wahrheit, meint Aristoteles, sei stets stärker als ihr Gegenteil und werde sich daher über kurz oder lang stets durchsetzen.

So viel zur griechischen Diskussion über die Seinsweise der öffentlichen Rede und der beiden anderen Grundtypen von Texten. Nunmehr sei, ehe sich die Betrachtung der Moderne zuwendet, noch ein flüchtiger Blick auf Cicero, den Höhepunkt sowohl der römischen Beredsamkeit als auch der römischen Rhetorik, geworfen. Cicero hat sich bereits in seiner Jugendschrift „De inventione“ zum ausgleichenden, vermittelnden Standpunkt des Aristoteles bekannt[17]: Die Rhetorik sei an sich weder gut noch böse; sie bedürfe als formale Technik eines Regulativs außerhalb ihrer selbst. In einem freien Staatswesen sei sie einerseits unentbehrlich, andererseits gefährlich – der verantwortungsvolle Redner stelle daher sein formales Können kompromisslos in den Dienst der Vernunft, der Weisheit und der Sittlichkeit.

In seiner forensischen Praxis hat sich Cicero indes eher an den Maximen der Sophistik orientiert: Wenn er als Ankläger auftrat (was allerdings die Ausnahme war: im Prozess gegen Verres[18]), dann malte er in den schwärzesten Farben, wenn er hingegen seine gewöhnliche Rolle, die des Verteidigers, übernommen hatte, dann tat er ein Äußerstes, seinen Klienten als unschuldig hinzustellen.

Zu dieser seiner gewollten Standortgebundenheit hat er sich im Plädoyer für Cluentius Habitus auch ausdrücklich bekannt (Pro Cluentio 139):

*Sed errat vehementer, si quis in orationibus nostris quas in iudiciis habuimus auctoritates nostras consignatas se habere arbitratur. Omnes enim illae causarum ac temporum sunt, non hominum ipsorum aut patronorum.*

Der irrt sich gewaltig, der da meint, er besitze in unseren Reden, wie wir sie vor Gericht gehalten haben, unsere verbrieften Überzeugungen. Alle diese Reden sind nämlich durch die Parteiinteressen und die Umstände bedingt, nicht durch die Menschen selbst und deren Anwälte.

Wenn die Fälle für sich selbst sprechen könnten, heißt es dort weiterhin, dann brauchte niemand einen Redner hinzuzuziehen; dieser habe die Aufgabe, die Dinge stets in ein für seinen Klienten möglichst günstiges Licht zu rücken. Cicero hat diese Maxime später auf die folgende einfachere Formel gebracht (De officiis 2, 51):

*Iudicis est semper in causis verum sequi, patroni non numquam veri simile, etiam si minus sit verum, defendere.*

Sache des Richters ist es, bei Prozessen stets nur die Wahrheit gelten zu lassen, Sache des Anwalts, hin und wieder auch für das Wahrscheinliche, selbst wenn es nicht ganz der Wahrheit entspricht, einzutreten.

Cicero erklärt hierzu, dass er nicht wagen würde, derart laxe Grundsätze offen auszusprechen, wenn nicht sein Gewährsmann für seine Pflichtenlehre, der gestrenge Stoiker Panaitios, ebenso urteilte. Er mag sich hierzu umso eher bereit gefunden haben, als er, wie die Römer überhaupt, im Gerichtswesen nach Analogie des Theaters ein System von *personae*, von Rollen, von begrenzten Funktionen erblickte, aus deren Zusammenspiel sich der gewünschte Erfolg ergab[19] – die Parteien und ihre Anwälte mochten parteiisch reden, wenn nur die Richter keinen Finger breit von dem abwichen, was sie für wahr hielten.

## 4 Rhetorik in der Moderne

Platons Kritik an der Rhetorik war von Aristoteles durchaus nicht in dem Maße widerlegt worden, dass sie ein für allemal erledigt gewesen wäre und keinerlei Anhang mehr gefunden hätte – so wenig, wie die Einwände, welche die aristotelische Poetik gegen Platons rigoristische Verwerfung der Poesie als einer Quelle von Lügen vorgebracht hatte, spätere, mit Platon übereinstimmende, ja ihn überbietende Urteile verhinderten. Andererseits haben die platonischen Verdikte weder der Rhetorik noch der Dichtkunst ernsthaft etwas anzuhaben vermocht – der Dichtkunst nie, der Rhetorik jedenfalls bis zur zweiten Hälfte des 18. Jahrhunderts nicht. Damals aber schlug die große Stunde der an

Platon anknüpfenden Rhetorikkritik, und wenn sie nicht geradezu die Ursache dafür war, dass der Rhetorikbetrieb nunmehr zu erlahmen begann, so stellte sie gewiss eine nicht unwichtige Begleitmusik dar, die den Traditionsabbruch erheblich erleichtert haben mag.[20] Sie predigte – neben dem schon erwähnten Kult der Originalität, die keiner Regeln und Rezepte bedürfe –, dass die Beredsamkeit nichts sei als eine Afterkunst der Lüge und des Betrugs: so Kant in der „Kritik der Urteilskraft". Auch Goethe und Hegel bestiegen das hohe Podest des Idealismus, sodass sie in der Rhetorik nur ein Instrument des Nützlichkeitsdenkens, des Egoismus zu sehen vermochten, und ihr Urteil avancierte alsbald – in seltsamem Kontrast zum Flor der rednerischen Praxis, wie er sich zum ersten Male eindrucksvoll in den Debatten der Frankfurter Paulskirche bekundete – zum unbefragten Dogma des Bildungsbürgertums, bis an die Schwelle der Gegenwart.

Seit etwa vierzig Jahren findet, zumindest im akademischen Bereich, die schon erwähnte Revision der Rhetorikverachtung statt: In dem Maße, wie man bereit ist, die aristotelischen Grundpositionen, wie das Prinzip der Wahrscheinlichkeit, wieder gelten zu lassen, pflegt man auch die Kritik Platons und all derer, die ihm nacheiferten, nicht mehr für bare Münze zu nehmen. So neigen sich denn in der Literatur der Experten die Waagschalen wieder zugunsten der Rhetorik und der rhetorischen Bildung – im Bereich der Antike etwa zugunsten des Isokrates und zumal Ciceros, der gerade wegen seiner advokatorischen Maximen die heftige Schelte Theodor Mommsens und anderer über sich hatte ergehen lassen müssen.

Um bei Cicero, dem einst Vielgeschmähten, kurz zu verweilen: er hat von der Rehabilitation der Rhetorik profitiert wie kein anderer Redner. Man lernte, seine Gerichtsplädoyers und seine politischen Ansprachen als das zu nehmen, was sie sind: als parteiische Verlautbarungen, die im Dienst der Überredung standen, und man hörte auf, sich darob moralisch zu entrüsten. Hierbei stützte man sich einerseits auf die einschlägigen Anweisungen der rhetorischen Lehrbücher, hauptsächlich aber auf möglichst eindringliche Analysen der Reden selbst. So hat eine Reihe von Monographien[21] ans Licht gebracht, mit welchem Raffinement Cicero seinem Publikum in einzelnen Fällen, wie er selbst stolz festgestellt haben soll, Dunkelheit vorzugaukeln vermochte – wir sagen: wie er ihm Sand in die Augen gestreut hat.[22]

Die drei Grundpositionen in der Beurteilung der Rhetorik, welche das klassische Griechenland hat verlauten lassen, die uneingeschränkt bejahende der Erfinder, der Sophisten, insbesondere des Gorgias, die uneingeschränkt verneinende Platons und die vermittelnde, im Wesentlichen positive des Aristoteles: diese drei Grundpositionen der Antike kehren mutatis mutandis in der Rhetorik-Literatur der Gegenwart wieder.[23] Dem sophistischen Standpunkt begegnet man vor allem bei den Praktikern der Rhetorik, bei den heutigen Redelehrern, die den Führungskräften in Politik, Verwaltung und Wirtschaft Geschick im Argumentieren und Debattieren beizubringen suchen. Ihr technisch-instrumentales Verständnis läuft darauf hinaus, dass die Rhetorik ein wertneutrales Hilfsmittel sei, dessen Missbrauch sich nun einmal nicht verhindern lasse. Als Platoniker wiederum könnte man diejenigen betrachten, die das formale Instrumentarium der Rhetorik an bestimmte, absolut gesetzte politisch-moralische Normen zu binden suchen, es für besondere überindividuelle Ziele, etwa für die Humanisierung der Wissenschaft, verwendet wissen wollen.[24] Eine radikalere Variante dieser Position verwirft die Rhetorik gänzlich. Sie sucht und findet in jeder öffentlichen Rede Manipulation; sie sieht in den rhetorischen Mitteln nichts als Lenkungsinstrumente von Herrschenden.

Wer die Rhetorik von einem gemäßigten, an Aristoteles anknüpfenden Standpunkt aus beurteilt, geht in Übereinstimmung mit ihm von der Tatsache aus, dass es nun einmal in der Domäne der Rhetorik, bei all dem, was zum Zusammenleben der Menschen gehört, höchst unterschiedliche Grade der Gewissheit und Wissbarkeit gibt, und stellt weiterhin in Rechnung, dass an den Entscheidungsprozessen des heutigen öffentlichen Lebens mehrere, oft sogar sehr viele beteiligt zu sein pflegen. Auf die unüberwindlichen Gewissheitsschranken, die den Sujets der Rhetorik im Allgemeinen anhaften, wurde bereits hingewiesen (s. o. S. 16): Bei Prozessplädoyers ist es die mehr oder minder problematische Beweislage, bei politischen Ansprachen der Umstand, dass es dort weniger um die Feststellung von Tatsachen als vielmehr um die auf freier Wahl beruhende Gestaltung der Zukunft geht, worauf sich die Alternative ‚wahr–unwahr' kaum noch anwenden lässt.

An den Entscheidungen sind im modernen Staat meist mehrere beteiligt, die sich, jeder von seinem Standpunkt aus, dadurch, dass sie das Wahrscheinliche bevorzugen, um Glaubwürdigkeit bemühen. Das Zusammenspiel dieser beiden Gegebenheiten: Pluralität der Redner und subjektives Streben nach möglichst großer Evidenz, bewirkt, dass der Handlungsspielraum, der jeder Situation inhäriert, auf das Schärfste erfasst und ins Kalkül einbezogen wird. Demgemäß schadet es nichts, wenn das Wahre und Richtige in einer einzelnen Rede nicht sonderlich gut aufgehoben ist, die Perspektive des einen Redners wird ja durch die der übrigen zurechtgerückt. Wenn die einzelnen Redner das je Gegebene in sich stimmig und zugleich in ihrem Sinne zu interpretieren suchen, so ergibt sich aus diesem Ensemble verschiedener Meinungen am ehesten ein Bild, das eine möglichst sachgerechte Entscheidung gestattet. Die Einseitigkeiten der Standpunkte neutralisieren sich gegenseitig – diese wohl nur gelegentlich allzu optimistische Erwartung steht hinter den Plädoyers vor Gericht und den Debatten im Parlament, und hiernach bemisst sich auch der Wert, den man dem Instrument dieses Betriebes, der Beredsamkeit, zubilligen muss.

Das Gesagte setzt voraus, dass man dem Begriff ‚Rhetorik' scharfe Konturen gibt, dass man ihn nicht unterschiedslos auf jede Art von appellbetonten Texten anwendet, dass man ihn insbesondere nur mit erheblichen Vorbehalten auf die Wirtschaftswerbung und auf die Propaganda totalitärer Regimes erstreckt. Allerdings, die Mittel sind dieselben: auch die Reklame und auch die totalitäre Propaganda bedienen sich all der argumentativen und stilistischen Effekte, mit denen sich Politiker und Sachwalter in einem freien Staate der jeweils entscheidenden Instanz zu empfehlen suchen. Die Rhetorik im eigentlichen, strengen Sinne, wie sie einst in Griechenland und Rom geschaffen und verwendet worden ist, darf nicht von ihrem politischen Hintergrund gelöst werden, von einer bestimmten Staatsverfassung und ihren Institutionen. Die wahre Rhetorik hat nur dort ihren Platz, wo die Macht auf viele verteilt ist, wo aus einer großen Zahl von Mitgliedern bestehende Gremien sich um möglichst sachgerechte Entscheidungen bemühen. Die sogenannte Rhetorik totalitärer Systeme ist gar keine Rhetorik, da sie nicht auf dem Prinzip von Rede und Gegenrede beruht, da sie keinen Widerspruch duldet, da sie nicht dialogisch, sondern monologisch ist. Sie hat lediglich den Zweck, ein problematisches Regime ideologisch zu sichern und Entscheidungen, die von der maßgeblichen Instanz längst getroffen worden sind, auf mehr oder weniger redliche Weise vor der Öffentlichkeit zu rechtfertigen.

Unter den hiermit angedeuteten Voraussetzungen besteht kein Grund, die Rhetorik, dieses unentbehrliche Vehikel der politischen Willensbildung, wegen ihres problematischen Verhältnisses zur Wahrheit in Bausch und Bogen zu verwerfen. Andererseits muss man sich freilich hüten, sie als Panazee des politischen Lebens zu betrachten. Sie ist, wie Cicero zutreffend festgestellt hat (s. o. S. 17), in einem freien Staat nicht nur unentbehrlich, sondern auch eine schwere Bedrohung. Sie kann, wenn sie vom Redner sei es in gutem, sei es in bösem Glauben dazu missbraucht wird, das Unwahre und Unrichtige überzeugend vorzutragen, eine falsche Einzelentscheidung verursachen. Sie kann aber auch, was weit schlimmer ist, auf dieselbe Weise ganze Völker auf die schiefe Bahn einer grundsätzlich falschen Politik bringen; sie kann – durch Aufputschung von Kollektivpsychosen und Erregung von Massenwahn – umschlagen in Demagogie und totalitäre Propaganda.

Beispiele solch katastrophaler Wirkung der Rhetorik lassen sich der Geschichte der athenischen Demokratie entnehmen und nicht zuletzt der deutschen Geschichte des 20. Jahrhunderts.

Ein Risiko ganz anderer Art geht nicht von der Rhetorik aus, sondern setzt ihr in ihrem vornehmsten Herrschaftsbereich, in der Politik, bisher unbekannte Schranken. Die zunehmende Kompliziertheit der modernen Lebensverhältnisse steigert den Einfluss der Techniker, der Spezialisten, und dies findet auf Kosten der Rhetorik statt. Denn was die Techniker und Spezialisten auf Grund ihrer vielfältigen Fachkenntnisse für gut und richtig erklären, ist durch das Medium der Rhetorik, die gemeinverständliche, von Formeln und Terminologien freie Umgangssprache, weithin nicht mehr vermittelbar. Die neuzeitliche Entwicklung des Rechts hat der rhetorischen Zubereitung des Anwaltsplädoyers zumindest im Bereich des Zivilrechts viel Terrain entzogen; jetzt drohen technische Fortschritte den Nutzen der Rhetorik auch auf dem Felde der Politik zu verringern. Dies ist nicht notwendigerweise ein Unglück; andererseits gilt wohl die Faustregel, dass dort, wohin die für jedermann verständlichen Mittel der Rhetorik nicht mehr gelangen, auch Mangel an öffentlicher Kontrolle herrscht.

## 5 Didaktische Aspekte

Nicht jeder will Politiker oder Rechtsanwalt werden oder auf sonstige Weise durch Überredung Erfolge erzielen, doch jedermann ist Adressat rhetorischer, appellbetonter Texte oder kann es zumindest sein. Die Rhetorik hat daher auch einen schulischen Aspekt; sie gehört als etwas, das jeden angeht, zum Lehrplan der Schule oder müsste dazu gehören. Deshalb soll nunmehr zu guter Letzt auch diese Materie gestreift werden.

Nichts ist bekanntlich so lehrreich wie das eigene Ausprobieren. Dergleichen hat der herkömmliche, bis ins 19. Jahrhundert übliche Rhetorikunterricht nach Kräften gefördert, er leitete zur Herstellung rhetorischer Texte an. Dergleichen kann jetzt wieder geschehen, zumal im Fache Deutsch, und hierbei sollte man – wie einst – nicht mit politischen Reden beginnen (dazu müssten die Schüler in die Rolle eines Staatsmannes der Geschichte oder Gegenwart schlüpfen), sondern mit einfachen Aufgaben aus dem privaten Bereich, aus der den Schülern vertrauten Alltagswelt. Eine Einladung zu einem Gartenfest, adressiert an Freunde und Bekannte, eine Aufforderung, für Notleidende, etwa für Menschen, die von einer Katastrophe heimgesucht worden sind, zu spenden: schon dies ist angewandte Rhetorik. Denn es wird appelliert und für ein bestimmtes Handeln geworben, und die beiden Merkmale, die den rhetorischen Text konstituieren, die ihm sein unverwechselbares Gepräge verleihen, müssen schon hier vorhanden sein: eine gewisse Formung und der einmalige Zweck. Durch die Formung – mit Hilfe der Syntax und der Wortwahl – übertrifft der rhetorische Text das sprachliche Minimum, das für die blanke Übermittlung eines Inhalts erforderlich gewesen wäre; durch den einmaligen Zweck, der ihn gewissermaßen verbraucht, unterscheidet er sich hingegen von jeder Art der auf Dauer und wiederholte Verwendung angelegten Texte.

Zum eigenen Produzieren muss die Analyse vorhandener Muster kommen; sie ist zweifellos der wichtigere Zugang zu den Mitteln der Rhetorik. Sie kann im Deutsch-, im Geschichts- und nicht zuletzt im Lateinunterricht stattfinden; sie sollte neben politischen Reden gelegentlich auch Texte aus der Wirtschaftswerbung zu ihrem Gegenstand machen. Man hüte sich hierbei vor der Versuchung einer einseitigen Betrachtungsweise: Nicht alles, was ein rhetorischer Text enthält, hat Überredungsfunktion, und nicht überall soll etwas Unwahrscheinliches oder gar Unwahres als glaubwürdig hingestellt werden. Ein guter Redner pflegt zuallererst über ein nicht geringes darstellerisches Können zu verfügen, das ihn befähigt, seinen Stoff übersichtlich zu ordnen und anschaulich vorzuführen. Dementsprechend muss sich die gute Analyse zunächst mit der Ordnungsleistung einer jeden Rede befassen; sie muss den Plan des Ganzen, die Gliederung zur Kenntnis nehmen und die Kraft oder Gewandtheit oder Bildhaftigkeit des Ausdrucks zu würdigen wissen, ehe sie sich bemüht, Tendenzen zu entlarven und manipulative Absichten bloßzulegen.

Leider entzieht sich die öffentliche Rede, wenn sie im Nachhinein als überlieferter Text studiert wird, dem unmittelbaren Zugriff: man kann nicht versuchen wollen, sie im Wesentlichen aus sich selbst zu verstehen wie einen Roman, ein Drama oder ein Gedicht. Sie ist ja von Hause aus für eine konkrete einmalige Situation aufgesetzt worden, und sie wendete sich an eine Zuhörerschaft, die mit dieser Situation vertraut war, vertrauter jedenfalls als spätere Leser. Folglich gilt es, bevor die Lektüre beginnt, den Horizont zu rekonstruieren, in den der Redner und sein Publikum sich teilten, als die Rede gehalten wurde. Wie waren die Umstände beschaffen – so lautet stets die erste Frage –, auf die der Redner einzuwirken, die er zu verändern suchte, als er das Wort ergriff; wie stand es mit seinen Erfolgsaussichten, mit welchen Schwierigkeiten glaubte er rechnen zu müssen? Die öffentliche Rede ist in besonderem Maße dem Rostfraß jener Erscheinung ausgesetzt, die man als ‚sekundäre Dunkelheit' bezeichnen könnte: Nicht der Autor selbst (wie das z. B. bei Gedichten vorkommt) hat dem Verständnis Hindernisse in den Weg gelegt (dies wäre die von Anfang an gegebene, ‚primäre' Dunkelheit), sondern die zeitliche Distanz, die hierdurch bedingte Veränderung des Horizonts hat diese Hindernisse erst sekundär entstehen lassen. Öffentliche Reden sind daher, wenn sie ihrem ursprünglichen, einmaligen Zweck zuwider wie Literaturwerke tradiert werden, in hohem Maße kommentierungsbedürftig – schon die antiken Philologen haben diesem Bedürfnis nach Kräften Rechnung getragen.

Und leider ist die öffentliche Rede, wenn sie im Nachhinein studiert wird, etwas verhältnismäßig Unlebendiges. Sie ist ja am allerwenigsten, weniger noch als ein Drama, von Hause aus für die Lektüre bestimmt. Sie erzielte einst, bei ihrer ‚Uraufführung', durch den mit Sorgfalt eingeübten Vortrag vor einem engagierten Publikum ihre volle Wirkung; das Pathos des Redners und die gespannte Atmosphäre im Versammlungsraum machten sie zu einem erregenden Ereignis. Überdies war sie, wenn sie ihre ganze Überredungskraft zur Geltung bringen wollte, auf Tempo angewiesen, mit Akzelerationen, Ritardandi und Pausen. Eine Rede setzt stets voraus, dass sie sofort und unmittelbar verstanden wird – was bei der mühsamen Lektüre zumal eines fremdsprachlichen Textes gänzlich illusorisch ist. Während sich das durch die sekundäre Dunkelheit verursachte Defizit mit Hilfe von Kommentaren ausgleichen lässt, kann das Ausbleiben der unmittelbaren Wirkung allenfalls dadurch teilweise wettgemacht werden, dass man eine den Qualitäten des Originals angenäherte Übersetzung herstellt. Zudem lässt sich aus der Not eine Tugend machen, oder richtiger, die Not ist eine Tugend: Gerade der vom Leser durch große zeitliche Distanz und durch eine fremde Sprache getrennte rhetorische Text eignet sich für kühles Sezieren, für eine gelassene Bestandsaufnahme der je verwendeten Formen und Kunstgriffe und für eine möglichst unvoreingenommene Feststellung der Redeabsicht.

# Das System der rhetorischen Theorie

1. Die Schemata und die Terminologie als die hervorstechenden Merkmale der rhetorischen Theorie.
2. Der lockere Bau des rhetorischen Systems, gemessen an den strengen Regeln der Begriffs- und Systemlogik.
3. Die Rhetorik als Vorbild bei den Schematisierungsbestrebungen in anderen Disziplinen: in der Philosophie, der Grammatik, der Musiktheorie usw. sowie – bei den Römern – in der Jurisprudenz.
4. Eine Zusammenstellung der wichtigsten Schemata, die in den antiken Rhetorik-Handbüchern gebräuchlich waren.

## 1 Schemata und Termini

Unter *der* Rhetorik pflegt man die Theorie der Rede, d.h. einen Inbegriff von Regeln zu verstehen, der zur Herstellung möglichst wirkungsvoller Reden anleiten soll, und wer sich mit diesem Inbegriff näher bekannt machen möchte, muss nach *einer* Rhetorik greifen, nach einem der rhetorischen Handbücher, welche die Antike der Nachwelt hinterlassen hat. Rhetorik in beiderlei Sinn – als Theorie der Rede überhaupt und als zum Reden anleitendes Handbuch – bekundet sich stets als System, als systematisch geordnetes Lehrgebäude. Die Systematik ist das auffälligste Kennzeichen der aus der Antike überkommenen rhetorischen Theorie.

Jedem, der sich auch nur flüchtig mit Rhetorik beschäftigt, drängen sich sofort allerlei Schemata auf, Sequenzen von Begriffen, die jeweils unter einem höheren Gesichtspunkt zusammengefasst sind. Da gibt es z.B. die drei Gattungen von Reden, die Gerichts-, die Staats- und die Festrede; da werden außerdem die fünf Phasen vorgeführt, deren es bei der Herstellung einer jeden Rede – von der Materialbeschaffung (man könnte moderner sagen: vom Recherchieren) bis zum Vortrag – bedarf, usw. Diese meist drei-, vier- oder fünfgliedrigen Schemata sind zu Systemen ineinandergefügt, in der Weise, dass wie bei Linnés Tier- oder Pflanzenreich eine Hierarchie der Systemstufen entsteht: Die drei Gattungen von Reden z.B. lassen sich als Teile bei der ersten Phase der Herstellung, bei der Materialbeschaffung, unterbringen. Die Art, in der die Schemata miteinander verschachtelt sind, wechselt von Handbuch zu Handbuch; die Schemata selbst hingegen sind stereotyp und kehren stets in der gleichen oder einer sehr ähnlichen Form wieder.

Zum Lehrgebäude, zu seinem System und seinen Schemata gehört als kaum minder aufdringliches Kennzeichen der rhetorischen Handbücher die Terminologie, der Begriffsapparat. Was wäre die Rhetorik ohne die zahlreichen Kolonnen von Fachausdrücken! Nicht wenige dieser Bezeichnungen sind einfach aus der Gemeinsprache übernommen, wie z.B. die Wörter für die drei Hauptziele, die der Redner anstreben soll, *docere, movere* und *delectare* – „belehren, in Erregung versetzen und Vergnügen bereiten". Doch das Gros des rhetorischen Fachjargons besteht aus Vokabeln, die eigens für terminologische Zwecke geschaffen worden sind und die das Merkmal der Künstlichkeit mehr oder weniger deutlich zur Schau tragen. Was die griechischen Rhetoren auf diesem Gebiet von Anfang an praktizierten, ahmten deren lateinische Kollegen vom Ausgang des 2. Jahrhunderts v. Chr. an aufs getreulichste nach, wie ja überhaupt die römische Rhetorik ein genauer Abklatsch der griechischen ist. So wimmelt es denn bei Cicero oder Quintilian von abstrakten Substantiven auf *-tio* und *-itas* sowie von Adjektiven auf *-ivus* oder *-alis* – man glaubt, manchmal bereits die Luft der Scholastik zu atmen. Zumal die Lehre von den Tropen und Figuren ist ein Tummelplatz terminologischer Unterscheidungskünste; während sich die das System tragenden Schemata im Allgemeinen ziemlich leicht einprägen, hat man hier mitunter Mühe, die mannigfachen Nuancen zu begreifen und zu behalten. Es kommt hinzu, dass nicht selten dieselben Ausdrücke verschiedene Gegenstände bezeichnen, auch innerhalb desselben Handbuchs, während umgekehrt manchmal für dieselbe Sache mehrere Wörter im Schwange sind.

Die Anfänge der rhetorischen Theorie verschwimmen im Dämmerlicht dürftiger Überlieferung. Immerhin steht hinlänglich fest, dass ihr schon von ihren Gründern, den Sophisten des 5. Jahrhunderts v. Chr., die Merkmale aufgeprägt worden sind, die sich dann während ihrer produktiven Phase, bis zum Zeitalter des Hellenismus, entfaltet haben: Sie fixierte ihre Lehren in stereotypen Schemata und liebte es, sich künstlich geschaffener Fachausdrücke zu bedienen. Das älteste Schema scheint die Doktrin von den Teilen der Rede, den *partes orationis* – Einleitung, Darlegung des Sachverhalts, Beweisführung usw. –, gewesen zu sein; hieran haben sich im Lauf der Jahrhunderte die Gliederungen weiterer Stoffbereiche gleichsam ankristallisiert. Anaximenes operiert mit sieben Arten der Rede[1], die sich dann bei Aristoteles auf die seither kanonischen drei Gattungen reduziert finden.[2] Sowohl Anaximenes als auch Aristoteles kennen Einteilungen der Beweislehre.[3] Theophrast (371–287 v. Chr.) scheint sodann das grundlegende Schema der Stilistik, die Lehre von den Stilqualitäten (*virtutes dicendi:* Sprachrichtigkeit, Klarheit, Angemessenheit, Redeschmuck), beigesteuert zu haben[4], und Hermagoras von Temnos (2. Hälfte des 2. Jahrhunderts v. Chr.) endlich hat das rhetorische System noch einmal erheblich und für immer erweitert: durch die Lehre von den „Streitständen" *(status)* der Gerichtsrede.[5]

Der Scholastizismus und Doktrinarismus der rhetorischen Theorie mag nicht frei sein von Starrheit und Pedanterie, und die üppig wuchernde rhetorische Terminologie mag im Detail mancherlei Schwächen enthalten, der Erfolg beweist, dass die Techniker der Rede im Großen und Ganzen den richtigen Weg eingeschlagen haben. Die Antike hat – jenseits der elementaren Fertigkeiten des Lesens, Schreibens und Rechnens – keine zweite Lehre hervorgebracht, die in einem solchen Maße und über eine solche Zeitdauer hinweg Gemeingut einer ganzen Schicht, der bürgerlichen Schicht vom gehobenen Mittelstand an, geworden wäre. Gewiss hat hierzu nichts so sehr beigetragen wie die Sache selbst; die Fähigkeit, wohlgesetzt zu reden und zu schreiben, galt nun einmal als unabdingbar für Ansehen und gesellschaftlichen Rang. Doch ebenso gewiss hat für die Verbreitung der rhetorischen Theorie auch die Form das Ihre getan: das System, die übersichtlichen Schemata eigneten sich vorzüglich zum Lernen und zur Lernkontrolle. Katechismen hatten Konjunktur, und kein Geringerer als Cicero hat ihr Tribut gezollt. Seine „Partitiones oratoriae", für den Sohn verfasst, tragen im Titel zur Schau, was die rhetorische Theorie so gut handhabbar machte: die Einteilungen, die Schemata.

*„Quot in partis tribuenda est omnis doctrina dicendi?"* – „In wie viele Teile ist die Redelehre insgesamt zu gliedern?": so beginnt das Frage-und-Antwort-Spiel zwischen Sohn und Vater.[6] In 140 Paragraphen werden sodann die zur Herstellung einer Rede erforderlichen Schritte, die Teile der Rede und die jurisdiktionellen Status durchgenommen, im Detail eigenwillig und offenbar aus philosophischer Sicht kritisch gemustert, doch im Ganzen ein getreulicher Spiegel des typischen Rhetorikbetriebes.

Die Vitalität der rhetorischen Doktrin lässt sich überdies daran ablesen, dass sich die gesamte Folgezeit bis zur Gegenwart nicht von den Fundamenten hat lösen mögen, die das klassische und hellenistische Griechenland gelegt hat. Nicht nur die Römer machten sich gelehrig zu eigen, was die Griechen ihnen vorführten; auch das Mittelalter und die Neuzeit blieben im Bann einer im Ganzen unwandelbaren Tradition. Wesentliche Teile der rhetorischen Terminologie gehören heutzutage zum unentbehrlichen Handwerkszeug aller Literaturtheorie und -kritik[7], und die aus der Antike überkommenen Schemata, wie die Herstellungsstadien, die Gattungen und die Teile der Rede, bestimmen nach wie vor den Aufbau der rhetorischen Handbücher.[8] Die Abhandlung „Das Antike an der modernen Rhetorik“, verfasst von der Rhetorik-Dozentin Gudrun Fey[9], zieht Bilanz: In vielen Teilbereichen haben die antiken Lehren kaum Einbußen an Aktualität erlitten; die für die Theorie von einst so wichtige Gerichtsrede allerdings ist obsolet geworden – die Fülle der Rechtsvorschriften und die Versachlichung des Prozesses lassen rhetorische Künste weithin als überflüssig, ja unerwünscht erscheinen. Die veränderten Voraussetzungen im Rechtswesen haben vor allem der Statuslehre des Hermagoras den Boden entzogen, und so pflegt dieses Gebiet in den Rhetorik-Handbüchern der Gegenwart nicht mehr dargestellt zu werden.[10]

## 2 Systeme und Systemlogik

Was ist ein System, wie kommt es zustande, und in welchen Bereichen hat sich die Antike um Systematik bemüht? Diesen Fragen soll nunmehr in gebotener Kürze nachgegangen werden, denn sie sind nicht ohne Belang für eine angemessene Würdigung dessen, was die rhetorische Theorie geleistet hat.

Das Problem der Systembildung fällt in die Zuständigkeit der Logik, näherhin der Begriffs-, nicht der Urteils- oder der Schlusslogik. Was ein Begriff sei, ist eines der am heißesten umstrittenen Probleme der Philosophie. Hier, wo es um logische, nicht um metaphysische Befindlichkeiten geht, genügt die Feststellung, dass ein Begriff eine ideale Wesenheit sei, die eine unbestimmte Zahl gleicher oder ähnlicher realer Dinge zusammenfasst.

Begriffe werden durch Definitionen bestimmt, die, wenn sie schulgerecht sein sollen, die übergeordnete Gattung, das Genus, und die spezifische Differenz (das Merkmal, durch welches sich der zu bestimmende Begriff von der übergeordneten Gattung unterscheidet) enthalten müssen. Eine schulgerechte Definition weist dem durch sie bestimmten Begriff den Rang einer untergeordneten Art zu. Sie enthält somit einen Ausschnitt aus einem System, den kleinsten, der möglich ist: Einer Art wird eine Gattung zugewiesen, z. B.: „Die Athener sind Griechen.“ Gewöhnlich lassen sich noch weitere Arten namhaft machen, die unter dieselbe Gattung fallen, z. B.: „Auch die Spartaner und Thebaner sind Griechen.“ Man kann einen solchen Systemkern nicht nur nach der Seite, sondern auch nach oben und unten hin erweitern, und zwar beliebig oft, soweit die Sache es zulässt. Die übergeordnete Gattung erscheint dann zugleich als Art, die ihrerseits einer Gattung höheren Ranges untersteht, etwa: „Die Griechen sind Menschen.“ Und die untergeordnete Art kann auch die Funktion einer Gattung übernehmen, z. B.: „Die Bewohner des Demos Alopeke sind Athener.“

So entstehen Systeme, in diesem Falle die vierstufige Hierarchie: „Bürger von Alopeke – Athener – Grieche – Mensch"; hierzu gibt es auf allen Stufen parallele Größen, also Arten, neben den Griechen z. B. die Ägypter oder Perser.

Systeme sind wie umgekehrte Stammbäume: sie laufen nach oben spitz zu, da mit jeder höheren Stufe die Zahl der parallelen Einheiten abnimmt. Neben den Menschen z. B. gibt es auf gleicher Ranghöhe nur noch die Tiere und Pflanzen, als Arten der obersten Gattung Lebewesen. Man nennt daher die mehrstufigen Systeme auch Begriffspyramiden.

Man braucht das Funktionieren der Systembildung nicht in allen Einzelheiten theoretisch zu erfassen, um es auf beliebige Materien praktisch anwenden zu können. Manches spricht dafür, dass die Sophisten ihr rhetorisches Lehrgebäude errichtet haben, ohne sich viel Kopfzerbrechen über die Gesetze der Logik zu machen.

Allerdings wurden diese Gesetze im Laufe des 4. Jahrhunderts v. Chr. auf das Genaueste durchschaut – nicht von den Sophisten, sondern von ihren gründlicheren Konkurrenten, von den Philosophen Platon und Aristoteles. Für die Begriffs- und Systemlogik sind als Beginn und Grundlegung die platonischen Spätdialoge „Theätet", „Sophistes", „Politikos" und „Philebos" mit ihren Einteilungen und Begriffsbestimmungen von Belang; den Abschluss brachten die „Analytiken" und die „Topik" des Aristoteles. Diese Schrift, die Topik, beruht auf den Hauptkategorien der Systemlogik: der Gattung, dem spezifischen Merkmal und der Definition; sie erörtert außerdem noch als negative Größe das Akzidens, die zufällige, unwesentliche Eigenschaft, die bei der Definition nicht berücksichtigt werden darf. Die an Aristoteles anknüpfende peripatetische Tradition wurde in der Spätantike von dem Platoniker Porphyrios (etwa 234–305) in die für die abendländische Entwicklung kanonische Form gegossen: dessen Einführung in die Kategorien des Aristoteles, die auch „Die fünf Begriffe" (in der lateinischen Fassung „Quinque voces") genannt wurde[11], befasst sich mit der Gattung, der Einteilung, der Art, dem spezifischen Merkmal und dem Akzidens.

An den Kriterien der Begriffslogik gemessen, kann die rhetorische Theorie nicht als echtes, konsequent aufgebautes System gelten. Das strenge System setzt eine gewisse Homogenität dessen voraus, was systematisiert wird, so wie es sich in dem oben verwendeten Beispiel „Die Athener sind Griechen" usw. stets um Menschen oder Lebewesen handelt. Die rhetorische Theorie hingegen ist ein aus praktischen Bedürfnissen erwachsenes, nicht an einem bestimmten Gegenstand orientiertes Compositum mixtum von Gesichtspunkten; ihre Schemata gliedern so verschiedene Bereiche wie die Argumentationstechnik und die Stilistik, und den Inhalt betreffende Vorschriften wechseln mit formalen. Die Heterogenität der Aspekte, die der Aufmerksamkeit des Redners empfohlen werden, bedingt, dass die Schemata jeweils auf anderen Principia divisionis, auf je anderen Kriterien, nach denen die Einteilung vorgenommen wird, beruhen. Lediglich in einigen untergeordneten Bereichen, in der Stilistik, in der Lehre von den Beweisformen und bei den Status, trifft man auf einigermaßen konsequent gegliederte Teilsysteme; im Übrigen steht jedes Schema, jede aus einer Gattung und mehreren Arten sich zusammensetzende Einheit für sich. Dies ist auch der Grund, weshalb die Art, in der die Schemata zu einem Ganzen verknüpft sind, von Handbuch zu Handbuch variiert, während die Schemata selber sich kaum geändert haben: Das rhetorische System als Ganzes ist kaum mehr als ein loses Arrangement.

Für die Rhetoren war die Theorie Mittel zum Zweck: sie wollten tüchtige Redner ausbilden. Daher kam es ihnen im Allgemeinen nicht sonderlich darauf an, ob ihr Lehrgebäude Risse und Sprünge enthielt: wenn es nur praktikabel war und sich gut erlernen ließ, wenn es nur ein tragfähiges Gerüst für die einzelnen Anweisungen abgab. Einer derer, die nicht so sehr praktische Rücksichten im Auge hatten, als sie eine Rhetorik abfassten, war Aristoteles. Die landläufigen Handbücher, allen voran das des Anaximenes von Lampsakos, tragen ein autoritäres Gebaren zur Schau: Sie warten stets mit fertigen Resultaten auf, da sie ganz auf Drill und mechanisches Auswendiglernen angelegt sind. Anders Aristoteles: er begnügt sich nicht mit einem für den Unterricht geeigneten Arrangement dessen, was er vorfand. Seine „Rhetorik" verwendet dasselbe Instrumentarium wie die trivialen Leitfäden; sie operiert mit Einteilungen, Begriffsbestimmungen usw. Zugleich aber behandelt sie die rhetorische Lehre als ein offenes Problem; sie hat untersuchenden Charakter und begleitet jeden Schritt mit kritischer Reflexion. Sie lässt die Theorie gleichsam vor dem Leser entstehen; sie deduziert von Prinzipien und erläutert ausführlich, was es mit den gliedernden Schemata und den ihnen zugehörigen Begriffen auf sich hat. So ist die rhetorische Theorie, von Hause aus ein Gemisch von allgemeinen Rechtsgrundsätzen, Advokatenkniffen und Stilnormen, unter den Händen des Aristoteles nahezu zu einer nach wissenschaftlichen Grundsätzen angelegten Disziplin geworden.

## 3 Die Rhetorik als Vorbild

Die lockere, auf praktische Ziele gerichtete Handhabung der Systemlogik, wie sie von den Sophisten aufgebracht und auf die von ihnen geschaffene rhetorische Theorie angewandt worden war, hat Schule gemacht: in anderen Disziplinen, denen es bei der Vermittlung ihrer Gegenstände ebenfalls weniger auf methodische Strenge als auf eine zweckdienliche, eingängige Präsentation ankam.[12] Wie sich der Schematismus der rhetorischen Handbücher auf eine Reihe von Fachwissenschaften ausgebreitet hat, ist im Einzelnen nicht mehr erkennbar; es blieb ja nur ein winziger Bruchteil der einst vorhandenen Literatur erhalten, und der stammt meist aus späterer Zeit.

Eine der ersten Disziplinen, die sich die lehrhafte Systematik der Rhetorenschulen zu eigen machte, war offenbar die Medizin. Die Schrift „Über Verletzungen am Kopf"[13] scheint zum ältesten Bestande des Corpus Hippocraticum zu gehören; sie trägt ihren Stoff mit Hilfe einer mehrstufigen Gliederung vor.

In der Zeit des Aristoteles oder wenig später hat sich auch der Philosophie das Streben bemächtigt, ihre Lehren in die fassliche Form von Dispositionsschemata zu kleiden. Von dem Akademiker Xenokrates (396–312 v. Chr.) ist glaubwürdig bezeugt, dass die – alsbald von der Stoa übernommene und sodann für das ganze Altertum maßgebliche – Dreiteilung Logik / Ethik / Physik auf ihn zurückgeht; er hat offenbar auch sonst gern philosophische Gegenstände in Gliederungen festgehalten. Bei der weiteren Fixierung in scholastischen Formen war allem Anschein nach die Stoa federführend; sie bemühte sich auch mit besonderem Eifer darum, isagogische Schriften herzustellen, Werke also, die für den Anfangsunterricht in Philosophie bestimmt waren.

Ein Seitentrieb dieser stoischen Popularisierungsbestrebungen war eines der wenigen fachwissenschaftlichen Lehrbücher des Hellenismus, die erhalten geblieben sind: die Grammatik des Aristarch-Schülers Dionysios Thrax (etwa 170–90 v. Chr.).[14] Diese dürre Abhandlung ist geradezu ein Skelett von Einteilungen und Definitionen, das mit einer Wesensbestimmung der Grammatik selbst einsetzt. Den größten Teil des geringen Umfangs beansprucht die Lehre von den ‚Redeteilen', d. h. von den Wortarten. Ein ähnlicher Seitentrieb dessen, was Philosophen auf fachwissenschaftlichem Gebiet leisteten, scheint in dem musiktheoretischen Traktat des im übrigen unbekannten Kleoneides (wohl frühe Kaiserzeit) vorzuliegen: Sein Abriss über Töne, Intervalle, Klanggeschlechter, Skalen usw.[15] hat offenbar die Forschungsergebnisse des Aristoteles-Schülers Aristoxenos für Schulzwecke umgeprägt, hauptsächlich mit Hilfe von Dispositionsschemata.

Reichere Ausbeute für die Wirkungen, die von den Schematisierungstendenzen der rhetorischen Handbücher ausgingen, lässt sich der lateinischen Fachliteratur abgewinnen. Es ist gewiss kein blanker Zufall, kein willkürliches Spiel der Überlieferung, dass der Reigen der erhaltenen systematisch aufgebauten Lehrschriften in Rom ebenfalls durch zwei Rhetoriken eröffnet wird, durch das Werk des sogenannten Auctor ad Herennium und durch Ciceros Abhandlung „De inventione“ (beide um 85 v. Chr.): Die Theorie der Beredsamkeit gewann eben auch dort sogleich den Rang einer Leitdisziplin. Die ersten lateinischen Lehrschriften außerhalb der Rhetorik verdankt die Nachwelt (wenn man das archaische, vom Systemgedanken noch unberührte Werk „Über die Landwirtschaft“ außer Betracht lässt, das der ältere Cato verfasst hat) dem Polyhistor M. Terentius Varro (116–27 v. Chr.). Er scheint sich in einer Reihe von Schriften als gründlicher, ja rigoroser Systematiker betätigt zu haben – erhalten blieben lediglich die „Res rusticae“ vollständig und das umfangreiche Werk „De lingua Latina“ zum Teil.[16] Auf die varronische Hypertrophie des Einteilens folgten in der lateinischen Fachschriftstellerei zwei maßvoll systematisierte, verständig gegliederte Werke, die mit ihren scholastischen Tendenzen das in den griechischen Vorlagen Übliche zu spiegeln scheinen: Vitruvs Werk über die Bau- und Ingenieurskunst („De architectura“, veröffentlicht im Jahre 22 v. Chr.)[17] und die von A. Cornelius Celsus in tiberianischer Zeit verfasste Schrift über die Heilkunde („De medicina“).[18]

Nach sachimmanenten Kriterien systematisch aufgebaut sind die einführenden Werke der römischen Juristen. Ihre Leistung hat das Rechtswesen Europas geprägt; durch sie wurde die Jurisprudenz in der Neuzeit zu einer systematischen Wissenschaft par excellence.

Das römische Recht erreicht oder übertrifft in dieser Hinsicht die Rhetorik: Hier wie dort zählen die Terminologie und die ordnenden Schemata zum heute noch gültigen Bestand der abendländischen Überlieferung. Bei den Römern selbst nahmen die systematischen Schriften einen verhältnismäßig bescheidenen Raum ein. Das Recht entfaltete sich in Fallsammlungen und in Kommentaren zu Gesetzen und gesetzesähnlichen Normen; ein steuerndes System war gewiss vorhanden, blieb jedoch der am Einzelfall sich orientierenden Rechtsfortbildung weiterhin immanent.

In spätrepublikanischer Zeit fanden erste Versuche statt, den Stoff auch äußerlich erkennbar nach Gattungen und Arten zu ordnen. Das erste und einzige einigermaßen vollständig erhaltene Lehrbuch des römischen Zivilrechts sind indes erst die um das Jahr 160 n. Chr. verfassten „Institutiones“ des Gaius.[19] Sie bieten ihren Stoff in einer strengen Begriffspyramide dar; sie zeigen daher ein Maß an innerer Geschlossenheit, das die rhetorische Theorie nie erreicht hat. Warum dem so ist, lässt sich unschwer erkennen: Der Stoff, den die Verfasser juristischer Lehrbücher vorfanden, Rechtsnormen und die darauf beruhende

Rechtsanwendung, war von viel einheitlicherem Charakter als die disparaten Gegenstände der rhetorischenTheorie.

„Alles Recht, das bei uns in Geltung ist, betrifft entweder Personen oder Sachen oder Rechtshandlungen“: mit dieser Feststellung beginnt der eigentliche Lehrvortrag des Gaius. Der Begriff *ius* steht an der Spitze der Pyramide; er wird alsbald in die drei Bereiche *personae – res – actiones*, „Personen – Sachen – Handlungen (Prozesse)“ gegliedert. Dann folgt sofort eine erste Aufteilung der Kategorie Person in Freie und Sklaven, die Freien wiederum sind teils Freigeborene, teils Freigelassene usw.[20] Gaius und Seinesgleichen (es gab noch weitere Lehrbücher nach Art der „Institutiones“) haben vor allem indirekt auf die europäische Rechtsentwicklung gewirkt: durch den ersten Teil des Corpus Iuris des Kaisers Justinian (527–565 n. Chr.), eine ebenfalls systematisch aufgebaute Schrift, die ebenfalls den Titel „Institutiones“ trägt.

## 4 Eine Übersicht über

Die wichtigsten Schemata der rhetorischen Theorie wird auf der folgenden Doppelseite gegeben.

## I. Die drei Gattungen von Reden

| | | |
|---|---|---|
| **γένη τῶν λόγων** | | ***genera causarum*** |
| γένος δικανικόν | 1. Die Gerichtsrede | *genus iudiciale* |
| γένος δημηγορικόν | 2. Die politische Rede | *genus deliberativum* |
| γένος ἐπιδεικτικόν | 3. Die Festrede | *genus demonstrativum* |

## II. Die Teile der Rede

| | | |
|---|---|---|
| **μέρη τοῦ λόγου** | | ***partes orationis*** |
| προοίμιον | 1. Einleitung | *exordium* |
| διήγησις | 2. Schilderung des Sachverhalts | *narratio* |
| πρόθεσις | 3. Ankündigung (Gliederung) der Beweise | *partitio / divisio* |
| πίστεις | 4. Beweisführung | *argumentatio/confirmatio* |
| λύσις | 5. Widerlegung des Gegners | *refutatio* |
| ἐπίλογος | 6. Schluss | *peroratio / conclusio* |

## III. Die Zwecke der Einleitung

| | | |
|---|---|---|
| – τὸ προσέχειν | – Aufmerksamkeit | – *attentum* |
| – εὔνοιαν | – Wohlwollen | – *benevolum* |
| – εὐμάθειαν | – Empfänglichkeit | – *docilem* |
| ἀπεργάζεσθαι | hervorrufen | *facere auditorem* |

## IV. Die Eigenschaften einer guten Sachverhaltsschilderung

| | | |
|---|---|---|
| σαφήνεια | 1. Deutlichkeit | *perspicuitas* |
| συντομία | 2. Kürze | *brevitas* |
| πιθανότης | 3. Wahrscheinlichkeit | *veri similitudo* |

## V. Die Arten von Beweisen

| | | |
|---|---|---|
| **πίστεις** | | ***probationes*** |
| πίστεις ἄτεχνοι | A. Untechnische B. | *probationes inartificiales* |
| νόμοι | 1. Gesetze | *leges* |
| συνθῆκαι | 2. Verträge | *pacta* |
| μάρτυρες | 3. Zeugen | *testes* |
| ὅρκος | 4. Eid | *ius iurandum* |
| βάσανος | 5. Aussage unter Folter | *quaestio / tormentum* |
| πίστεις ἔντεχνοι | B. Technische B. | *probationes artificiales* |
| ἐνθύμημα | 1. Deduktiver Beweis (Syllogismus) | *ratiocinatio* |
| παράδειγμα | 2. Induktiver Beweis (Beispiel) | *exemplum* |

## VI. Die Phasen der Herstellung einer Rede

| | | |
|---|---|---|
| **ἔργα τοῦ ῥήτορος** | | ***officia oratoris*** |
| εὕρεσις | 1. Stoffauffindung | *inventio* |
| τάξις | 2. Stoffgliederung | *dispositio* |
| λέξις | 3. Stilisierung | *elocutio* |
| μνήμη | 4. Auswendiglernen | *memoria* |
| ὑπόκρισις | 5. Vortrag | *pronuntiatio / actio* |

## VII. Die ‚Streitstände' (Rechtsfragen)

| | | |
|---|---|---|
| **στάσεις** | | ***status / constitutiones*** |
| γένος λογικόν | A. Bereich der Argumentation | *genus rationale* |
| στοχασμός | 1. Frage nach dem Täter | *status coniecturalis* |
| ὅρος | 2. Frage nach dem Tatbestand | *status definitivus* |
| ποιότης | 3. Frage nach Rechtfertigungsgründen | *status qualitatis* |
| μετάληψις | 4. Frage nach der Zuständigkeit des Gerichts | *status translativus* |
| γένος νομικόν | B. Bereich der Auslegung | *genus legale* |
| ῥητὸν καὶ διάνοια | 1. Wortlaut und Sinn | *scriptum / sententia* |
| ἀντινομία | 2. Widersprüchliche Gesetze | *leges contrariae* |
| ἀμφιβολία | 3. Doppeldeutigkeit | *ambiguitas* |
| συλλογισμός | 4. Analogieschluss | *ratiocinatio / collectio* |

## VIII. Die Stilqualitäten

| | | |
|---|---|---|
| **ἀρεταὶ τῆς λέξεως** | | ***virtutes dicendi*** |
| Ἑλληνισμός | 1. Sprachrichtigkeit | *Latinitas* |
| σαφήνεια | 2. Klarheit | *perspicuitas* |
| πρέπον | 3. Angemessenheit | *aptum / decorum* |
| κατασκευή | 4. Schmuck | *ornatus* |

## IX. Die drei Stilarten

| | | |
|---|---|---|
| **χαρακτῆρες** | | ***genera dicendi*** |
| χαρακτὴρ μεγαλοπρεπής | 1. Der erhabene Stil | *genus grande / sublime* |
| χαρακτὴρ μέσος | 2. Der mittlere Stil | *genus medium* |
| χαρακτὴρ ἰσχνός | 3. Der schlichte Stil | *genus subtile* |

# Gerichtswesen und Prozessformen in Rom (Beispiel: der Prozess gegen Verres)

1. Die Geschichte des römischen Strafrechts: Mommsen als Repräsentant der rückwärts gewandten antiquarischen Richtung; die gegenwartsbezogene Betrachtungsweise Montesquieus.
2. *Ius publicum, ius privatum:* die römische und die moderne Abgrenzung. – Die Strafgesetzgebung: die Zwölftafeln und anderes; die Leges Corneliae (Sulla) und Iuliae (Caesar, Augustus). – Die Prozessformen: der Privatprozess; der magistratisch-komitiale Prozess; die *quaestio perpetua*; die *cognitio extra ordinem*.
3. Das Strafrecht im Zeitalter der Revolution: Der Kampf um die Geschworenenliste (Klassenjustiz). – Der *ambitus*. Das *crimen pecuniarum repetundarum*.
4. Der Verres-Prozess: Ciceros Vorbereitungen und der Widerstand der Gegner. Der taktische Plan der Gegner und Ciceros Gegenplan. Der tatsächliche Verlauf des Prozesses.

## 1 Römisches Strafrecht in der modernen Wissenschaft

Thema dieser Darlegungen sind die Strafgesetzgebung und das Strafverfahren der römischen Republik, insbesondere im Zeitalter der Revolution, sowie die Bedingungen und Modalitäten, die den Verlauf des Prozesses gegen Verres bestimmt haben.

Wer sich mit dem römischen Straftrecht befassen möchte, sieht sich zunächst auf die „Römische Rechtsgeschichte“ betitelten Einführungen verwiesen, die vornehmlich für Jura-Studenten bestimmt sind[1]; dort pflegt allerdings die hier zu behandelnde Materie überaus knapp dargestellt zu werden. Man kann daher auch heutzutage noch nicht umhin, auf Theodor Mommsens monumentales Alterswerk vom Jahre 1899 zurückzugreifen[2]; dort läuft man jedoch Gefahr, von der Last des allzu Vielen erdrückt zu werden. Das mit Hilfe moderner Kategorien errichtete Gebäude (die Titel der Hauptabschnitte lauten: Wesen und Grenzen des Strafrechts – Strafbehörden – Strafprozess – Die einzelnen Delikte – Die Strafen), das man in dieser Synthese vorfindet, stützt sich auf viele Tausende von juristischen und außerjuristischen, von handschriftlich und inschriftlich überlieferten Zeugnissen – eine Rekonstruktionsarbeit nach Analogie des großen Werkes über das römische Staatsrecht, das Mommsen zuvor verfasst hatte.[3]

Die Unentbehrlichkeit des mommsenschen „Strafrechts" ist ein allgemein bekanntes und anerkanntes Faktum; weniger bekannt ist hingegen, dass dieses Werk am Ende einer Entwicklung steht, die ihre Impulse von der Romantik und vom Historismus empfangen hatte; sie wollte das römische Strafrecht als einen rein antiquarischen Gegenstand behandelt wissen, als unverfälschten Ausdruck römischer Gesinnung und Gesittung. Diese Entwicklung, die von Geib über Rein und Zumpt zu Mommsen führte[4], war einseitig; ihre Repräsentanten fragten nicht mehr nach tatsächlichen oder wünschbaren Wirkungen des römischen Strafrechts auf die eigene Zeit, ja sie wollten nicht mehr danach fragen.

Hiermit aber sagten sie sich von einer Betrachtungsweise los, zu der sich zumal Montesquieu im 6. Buch seines „Esprit des lois" bekannt hatte und deren Spuren sich von der Aufklärung über die Französische Revolution bis zum Liberalismus des 19. Jahrhunderts verfolgen lassen.[5] Diese Richtung studierte das römische Strafrecht gerade nicht um seiner selbst willen, sondern als Modell für eigene reformerische Absichten: Die Grundsätze zumal des republikanischen Strafverfahrens – das Akkusationsprinzip, d.h. die Trennung der Ankläger- von der Richterrolle, die Maximen der Mündlichkeit und der Öffentlichkeit – kamen den Idealvorstellungen nahe, die man selber hegte, und so berief man sich gern auf das römische Vorbild.

Dies sei vorausgeschickt, weil das römische Straf- und Strafverfahrensrecht eher zu den ungeliebten Gegenständen heutiger Altertumsgelehrter und insbesondere der Rechtshistoriker zählt. Die Gründe für diese Zurückhaltung liegen zutage: Das römische Strafrecht, eine teils dürftig überlieferte, teils (wo die Überlieferung mehr hergibt, in der Kaiserzeit) von Opportunitätsrücksichten stark beeinflusste Materie, ist in rechtsdogmatischer und methodischer Hinsicht unergiebig; es taugt offenbar als eine im Wesentlichen antiquarische Erscheinung wenig zur Erörterung grundsätzlicher juristischer Probleme. Diese Einschätzung ist berechtigt, wenn man das Strafrecht mit dem Zivilrecht vergleicht; sie verliert indes an Überzeugungskraft, wenn man bedenkt, wie vorteilhaft sich das verhältnismäßig humane Straf- und Strafverfahrensrecht der römischen Republik neben den Zuständen ausnimmt, die in Europa bis zum Ende des absolutistischen Zeitalters geherrscht haben. Die Römer haben offensichtlich einen nicht unerheblichen Beitrag zur Humanisierung des modernen Strafrechts geleistet – ein Aspekt, der mitbedacht zu werden verdient, wenn man sich mit einem Strafprozess wie dem gegen Verres befasst.

## 2 Das Strafrecht und die Prozessformen

*Huius studii duae sunt positiones, publicum et privatum. Publicum ius est quod ad statum rei Romanae spectat, privatum quod ad singulorum utilitatem; sunt enim quaedam publice utilia, quaedam privatim.*

Dieses Studium umfasst zwei Abteilungen, das öffentliche und das Privatrecht. Öffentliches Recht ist das, was sich auf die Ordnung des römischen Staates, Privatrecht das, was sich auf die Interessen der einzelnen Personen bezieht; denn die Regelungen dienen teils dem öffentlichen, teils dem privaten Interesse.

So der Wortlaut zweier viel zitierter Sätze, aus dem ersten Fragment, das Eingang in die „Digesten" Justinians gefunden hat (Digesten 1,1, 1,2); es entstammt den „Institutionen", dem einführenden Lehrbuch des Juristen Ulpian. Die Sätze dienen als vornehmstes Zeugnis für die wichtigste Systemfuge innerhalb des Rechts, für die Unterscheidung von öffentlichem und Privatrecht. Sie ist dem Grundsatz nach Bestandteil aller Rechtsordnungen, die den Römern verpflichtet, die von ihnen abhängig sind.

Die Grenzen zwischen den beiden Bereichen pflegen allerdings verschieden zu verlaufen. Eine wichtige Differenz besteht bei dem Verhältnis von Privatrecht und Strafrecht. Im modernen Europa ist das Strafrecht insgesamt Teil des öffentlichen Rechts, sodass alle Straftaten von staatlichen Instanzen verfolgt werden. Im antiken Rom hingegen waren nur solche Delikte Gegenstand des öffentlichen Strafrechts und Strafverfahrens, die sich gegen den Staat richteten, wie Hochverrat, Landesverrat und dergleichen, ferner bestimmte Sakralvergehen sowie Mord und Gewalttaten, und erst in spätrepublikanischer Zeit kam – neben dem *ambitus*, der Wählerbestechung – das Delikt hinzu, um dessentwillen Verres vor Gericht stand: die Untertanenerpressung *(crimen pecuniarum repetundarum)*. Alles übrige, die gesamte kleine und mittlere Kriminalität, gehörte nach römischer Auffassung zum Privatrecht. Diebstahl, Körperverletzung und Sachbeschädigung und vieles andere mussten also in einem Privatprozess vom Geschädigten verfolgt werden. Konsequenterweise gelangte die Strafe – stets ein Geldbetrag – nicht an den Staat, sondern an den im Verfahren obsiegenden Geschädigten.

Demgemäß fehlte den Römern eine Kategorie, die dem heutigen Begriff ‚Strafrecht' entspräche; Ausdrücke wie *ius criminale* oder *poenale* sind mittelalterliche Prägungen. Der Terminus *delictum* hat sowohl öffentliche als auch private Vergehen (im Sinne der römischen Unterscheidung) bezeichnet; als *crimen* hingegen charakterisierte man vorzugsweise die von Staats wegen verfolgten Straftaten.

Die bekannte Maxime *nulla poena (nullum crimen) sine lege* hat in republikanischer Zeit – und auch in der frühen Kaiserzeit – nicht gegolten. Man war der Auffassung, dass Strafgesetze den Tatbestand des Verbrechens – den Inbegriff von Merkmalen also, der bestimmte Handlungen mit Strafe bedrohte – nicht konstituierten, nicht hervorbrachten, als ob es ihn zuvor nicht gegeben hätte, sondern als etwas schon immer Existierendes einschärften: zur Ächtung von Handlungen, die das allgemeine Bewusstsein schon längst für verwerflich und strafwürdig hielt. So Cicero in der „Zweiten Actio gegen Verres" (1,108) in einer Argumentation, welche die rückwirkende Kraft einer zivilrechtlichen Norm verwirft, die einer Strafnorm hingegen billigt: kein Gesetz rüge Vergangenes, heißt es dort, *nisi eius rei, quae sua sponte tam scelerata et nefaria est, ut, etiamsi lex non esset, magnopere vitanda fuerit* – „es sei denn für ein Verhalten, das schon von sich aus so verbrecherisch und abscheulich ist, dass man es auch dann strikt vermeiden müsste, wenn kein gesetzliches Verbot bestünde." (In Verrem 2,1,108)

Das Zwölftafelgesetz, die wichtigste Grundlage des republikanischen Strafrechts, hat auch nach heutiger Auffassung die Tatbestände nicht hervorgebracht, sondern lediglich das längst Bestehende schriftlich fixiert, und zwar in allen Bereichen, auch in denen des Zivil- und Prozessrechts. Im Zwölftafelgesetz waren – soviel die trümmerhafte Überlieferung erkennen lässt – für fast alle wichtigen Kategorien des öffentlichen und privaten Strafrechts Sanktionen vorgesehen: für Körperverletzung, Sachbeschädigung, Diebstahl und Ähnliches auf Tafel 8, für Mord und Hochverrat auf Tafel 9. Offensichtlich galt also bereits im frührepublikanischen Rom der Grundsatz der Gesetzmäßigkeit von Delikt und Strafe, d. h. es durften in der Regel nur solche Taten bestraft werden, die im Gesetz als strafwürdig umschrieben waren, und zwar lediglich in dem vom Gesetz fixierten Maße.

Die auf die Zwölftafeln folgende Entwicklung nahm einen verschiedenen Verlauf, je nachdem ob es sich um den Bereich des privaten oder um den des öffentlichen Strafrechts handelte. Das Privatstrafrecht nahm als Privatrecht an dessen Entwicklung teil. Es wurde also im alljährlich sich erneuernden Edikt der Prätoren verändert und ergänzt, da sich der Gesetzgeber – die Volksversammlung – nur gelegentlich einzelner privatrechtlicher Materien annahm. So wurde im Bereich der Privatdelikte die Sachbeschädigung neu geregelt: durch die *Lex Aquilia*, die im frühen 3. Jahrhundert ergangen zu sein scheint. Im Übrigen aber waren die *iuris consulti*, die Rechtsgelehrten, welche die Prätoren bei der Redaktion des Edikts berieten, die treibende Kraft der Entwicklung. Sie haben sogar neue, zuvor nicht geahndete Tatbestände, wie den des arglistigen Verhaltens *(dolus malus)* oder den der Nötigung, des Zwanges *(metus)* eingeführt, Tatbestände also, für die es nicht einmal eine rückwirkend geltende Gesetzesnorm gab. Sie haben das Privatstrafrecht der Zwölftafeln außerdem modernisiert, d. h. sie haben es rationalisiert und im Sinne milderer Sitten humanisiert. Die Rationalisierung bestand darin, dass man die Spezifizierung, die Einzeltatbestände der Zwölftafeln in größeren Kategorien zusammenfasste, dass man z. B. aus den verschiedenen Arten der Körper- und Ehrverletzung, die dort noch unterschieden wurden, das Delikt der *iniuria*, der Persönlichkeitsverletzung schlechthin, hervorgehen ließ. Die Tendenz der Humanisierung bekundet sich vor allem bei den Sanktionen: die archaischen Leibesstrafen, mit denen die Zwölftafeln z. B. den handhaften Diebstahl (*furtum manifestum* – Taf. 8,2) oder die schwere Körperverletzung (*membrum ruptum* – Taf. 8,14) bedrohten, wurden durchweg durch Geldstrafen ersetzt.

Die gesetzlichen Grundlagen des öffentlichen Strafrechts sind ein ziemlich dunkles Kapitel; auf diesem Felde klafft zwischen den Zwölftafeln und den Maßnahmen der späten Republik ein Hiat, zu dem die Rechtsquellen schweigen und zu dessen Füllung sich auch den Historiker-Berichten über allerlei Hochverrats- und Mordprozesse wenig Förderliches entnehmen lässt. Die späte Republik hat sich mit großem Eifer des öffentlichen Strafrechts angenommen: Es ergingen zunächst etliche Einzelgesetze, Gesetze zur Bekämpfung einzelner Delikte, und sodann, unter Sulla sowie unter Caesar und Augustus, zwar keine eigentlichen Strafgesetzbücher, wohl aber zusammenfassende Ordnungen, die einschlägigen *Leges Corneliae* und *Leges Iuliae* (der sogenannte *ordo iudiciorum publicorum*). In diesen Gesetzen pflegte dreierlei normiert zu sein: der Tatbestand oder die Vielzahl von Einzeltatbeständen, die jeweils unter eine Verbrechenskategorie subsumiert wurden, das Verfahren sowie die jeweiligen Strafen. Die Delikte, die auf diese Weise eine gesetzliche Regelung erfuhren, waren die folgenden:

- Hochverrat (*perduellio, crimen laesae maiestatis*);
- Mord (*parricidium, homicidium*);
- Diebstahl von Tempelgut oder Staatsgut (*sacrilegium, peculatus*);
- Wählerbestechung (*ambitus*);
- Untertanenerpressung (*crimen pecuniarum repetundarum*);
- schwere Gewalttaten (*vis publica*) und, weniger wichtig, Fälschung.

So haben wahrscheinlich die Kategorien der sullanischen Ordnung gelautet; sie wurden unter Augustus um den Tatbestand des Ehebruchs sowie um den des Zins- und Kornwuchers erweitert. Die strafrechtlichen *Leges Corneliae* und *Iuliae* konnten, wie schon angedeutet wurde, eine Reihe von speziellen Tatbeständen enthalten. Eine Aufzählung des Juristen Cervidius Scaevola diene als Beispiel, wie eine derartige Sequenz ausgesehen haben mag (Digesten 48,4,4pr.):

> *(Lege Iulia maiestatis tenetur,) cuius dolo malo iureiurando quis adactus est, quo adversus rem publicam faciat; cuiusve dolo malo exercitus populi Romani in insidias deductus hostibusve proditus erit; factumve dolo malo cuius dicitur, quo minus hostes in potestatem populi Romani veniant etc.*
>
> (Auf Grund des Julischen Gesetzes über Hoch- und Landesverrat wird bestraft,) durch wessen Arglist oder eidliche Versicherung jemand dazu gebracht worden ist, zum Schaden des römischen Staates zu handeln; durch wessen Arglist ein Heer des römischen Volkes in einen Hinterhalt geführt oder den Feinden verraten worden ist; wer arglistig verhindert haben soll, dass Feinde in die Gewalt des römischen Volkes gerieten usw.

Die wichtigste Besonderheit der spätrepublikanischen Strafgesetzgebung wurde expressis verbis noch nicht erwähnt: dass eine gänzlich neue Prozessform eingeführt wurde, die sich schließlich als Regelform durchsetzte: der Quästionenprozess, das Verfahren vor einem Geschworenengericht. Diese Gerichtshöfe und das von ihnen praktizierte Verfahren kamen lediglich für das öffentliche Strafrecht, für die soeben aufgezählten Verbrechen (Hochverrat, Mord usw.) in Betracht.

Die niedere Kriminalität, die Delikte des Privatstrafrechts wurden exakt so behandelt wie gewöhnliche Zivilsachen, wie Streitigkeiten, die aus einem Vertrag, einer Erbschaft usw. erwuchsen. Wer gestohlen oder eine Sache beschädigt hatte, musste sich demnach auf dasselbe Verfahren einlassen wie jemand, der eine mangelhafte Ware geliefert oder eine Geldschuld nicht beglichen hatte. Dieses Verfahren, der republikanische Privatprozess, gliederte sich in zwei Phasen, in die Phasen *in iure* („vor Gericht") und *apud iudicem* („vor dem Geschworenen"). Die erste Phase spielte sich vor dem Prätor ab, die zweite vor einer Privatperson, die als *iudex*, als Richter fungierte. Die erste Phase legte gewissermaßen das Prozessprogramm fest: Der Prätor erkundete, ob ein klagbarer Anspruch vorlag und, wenn ja, welcher, und bestimmte, wer *iudex* sein solle. In der zweiten Phase, die einen neuen Termin erforderlich machte, wurde das Programm durchgeführt. Die Parteien oder deren Beistände hielten ihre Vorträge, und der *iudex* ließ sich die Beweise vorführen. Nach der Beweisaufnahme fällte er das Urteil; er sprach eine *condemnatio* (Verurteilung des Beklagten) oder eine *absolutio* (Abweisung der Klage) aus.

Die Brücke zwischen den beiden Phasen des Privatprozesses wurde, wie gesagt, durch eine Art Prozessprogramm geschlagen. Das Programm bestand zunächst, in früherer Zeit, aus einer bis aufs einzelne Wort festgelegten mündlichen Formel, die den Streitgegenstand umschrieb; die Parteien hatten die je einschlägige Formel, die *legis actio* (wonach diese Prozessform „Legisaktionenverfahren" genannt zu werden pflegt), aufzusagen. Schon während der mittleren Republik kam eine modernere Form des zweiteiligen Zivilprozesses auf, der sogenannte Schriftformel- oder Formularprozess. Hier enthielt, wie der Name sagt, ein kurzer schriftlicher Text, den der Prätor den Parteien mitgab, alles für die Durchführung des Verfahrens Erforderliche. Die Formulare, die abstrakten Schemata für eine jede Art von Anspruch, waren Bestandteil des prätorischen Edikts; der Prätor brauchte in den dort bereitstehenden Text nur die jeweiligen Namen (der Parteien, des Richters) einzufügen. Das Formular für den heimlichen Diebstahl, für das *furtum nec manifestum*, muss etwa wie folgt gelautet haben[6]:

> *Titius iudex esto. Si paret Aulo Agerio a Numerio Negidio opeve consilio Numerii Negidii furtum factum esse paterae aureae, quam ob rem Numerium Negidium pro fure damnum decidere oportet, quanti ea res fuit, cum furtum factum est, tantae pecuniae duplum iudex Numerium Negidium Aulo Agerio condemnato; si non paret, absolvito.*
>
> Titius (Blankettname) soll Richter sein. Wenn erweislich ist, dass zum Schaden des Aulus Agerius von Seiten des Numerius Negidius (ebenfalls Blankettnamen) oder mit dessen Hilfe oder auf dessen Anstiften hin ein Diebstahl an einer goldenen Schale (Blankettwort) begangen worden ist, weswegen Numerius Negidius als Dieb für den Schaden aufkommen muss, dann soll der Richter ihn zugunsten des Aulus Agerius auf das Doppelte des Wertes, den die Sache zur Zeit des Diebstahls hatte, verurteilen; wenn es nicht erweislich ist, soll er freisprechen.

Nach diesem Seitenblick auf den Zivilprozess, mit dessen Hilfe auch die privatdeliktischen Klagen ausgefochten wurden, zurück zum öffentlichen Strafrecht, zu den prozessualen Institutionen, die hierfür vorgesehen waren. Rom hat, von Revolutionstribunalen und anderen ephemeren Erscheinungen abgesehen, drei Formen des öffentlichen Strafprozesses hervorgebracht: den sogenannten magistratisch-komitialen Prozess, die *quaestiones perpetuae* und die *cognitio extra ordinem*. Diese drei Formen – deren Zuständigkeiten nicht identisch waren – kamen sukzessive auf, ohne einander brüsk abzulösen: die jeweils ältere wurde noch einige Zeit neben der jeweils jüngeren angewandt.

Der magistratisch-komitiale Prozess, die älteste Form des öffentlichen Strafprozesses, ist bis zum 1. Jahrhundert v. Chr. praktiziert worden. Er zählt gleichwohl zu den dunkelsten Kapiteln der römischen Verfassung; trotz vielfältiger Erklärungsversuche harrt noch immer manches Detail einer befriedigenden Deutung. Seine Funktion lässt sich nicht bestimmen, ohne dass man eine zweite recht unscharfe Größe in Betracht zieht: die *provocatio*, jenes seit 300 v. Chr. gesetzlich verankerte Recht des römischen Bürgers, gegen magistratische Disziplinarmaßnahmen über eine gewisse Grenze hinaus, insbesondere gegen die von einem Magistrat verhängte Todesstrafe die Volksversammlung, die Komitien, anzurufen. Mommsen glaubte an eine Art Instanzenzug: Die Provokation habe bewirkt, dass das vom Magistrat verhängte Kapitalurteil durch die Komitien überprüft wurde. Eine andere, insbesondere von Bleicken verfochtene Theorie besagt, dass die Provokationsgesetze die magistratische Zuchtgewalt in dem von ihnen umschriebenen Bereich beseitigten; dort waren hinfort nur noch, und zwar in einziger Instanz, die Komitien zuständig.[7]

Wie dem auch sei, der magistratisch-komitiale Prozess war ein Akkusationsprozess: Ein Magistrat (ein Konsul oder ein Volkstribun) nahm die Rolle des Anklägers wahr, und die Volksversammlung fällte das Urteil; Anklage und Urteilsfindung wurden von verschiedenen Organen getätigt. Die Quellen nennen unbequemerweise als Tatbestände, die im magistratisch-komitialen Prozess behandelt wurden, einzig und allein Verbrechen gegen den Staat. Wie die frühe und mittlere Republik den Mord ahndete, ist unbekannt, ein Umstand, der ebenfalls Anlass zu mancherlei Versuchen gegeben hat, die Lücken der Überlieferung durch Mutmaßungen zu füllen.

Die zweite Form des öffentlichen Strafprozesses, die *quaestio perpetua*, hat den magistratisch-komitialen Prozess in spätrepublikanischer Zeit allmählich abgelöst. Die Gründe für diesen Wandel liegen auf der Hand: Mit der Vergrößerung des römischen Gemeinwesens vergrößerte sich auch die Zahl der Delikte, sodass das schwerfällige Organ der Volksversammlung der Zahl der anfallenden Verfahren je später desto weniger gewachsen war. Man muss sich geradezu wundern, dass das Senatsregiment auf dem Gebiet der Justiz eine derart tiefgreifende Neuerung hervorgebracht hat; in anderen Bereichen hat man auf die enorme Zunahme der Aufgaben wenn überhaupt, dann mit viel dürftigeren Maßnahmen reagiert.

Der Terminus *quaestio perpetua* geht auf Cicero zurück (Brutus 106); der Zusatz *perpetua* deutet an, dass es sich um einen ständigen, eine unbestimmte Zahl von künftigen Fällen aburteilenden Gerichtshof handelt. Die späte Republik kannte nämlich auch Tribunale, die zur Untersuchung einer einzelnen, in der Vergangenheit liegenden Tat eingesetzt worden waren. Die ständigen Gerichtshöfe, die in der zweiten Hälfte des 2. Jahrhunderts v. Chr. einer nach dem anderen aufkamen, waren jeweils für nur eine Verbrechenskategorie zuständig. Den Vorsitz pflegte ein Prätor zu führen (im 2. Jahrhundert gab es deren sechs, seit Sulla acht) oder ein eigens bestellter *iudex quaestionis*. Jeder Gerichtshof pflegte aus etwa dreißig bis sechzig Geschworenen zu bestehen; diese aber wurden für jeden einzelnen Prozess aufs neue ausgelost, und zwar aus einer im Voraus aufgestellten Richterliste.

Die Quästionen beruhten sämtlich auf dem Prinzip der Popularanklage: Während im magistratisch-komitialen Prozess nur ein Magistrat als Ankläger auftreten durfte, konnte hier jeder unbescholtene römische Bürger diese Aufgabe wahrnehmen. Es ist sattsam bekannt, dass sich auf diesem Wege nicht selten angehende Politiker ihre ersten Sporen verdienten. Wie im magistratisch-komitialen Prozess, so waren auch im Quästionenverfahren Anklage und Urteilsfindung voneinander getrennt, ja, sowohl der Ankläger als auch der Angeklagte waren hier Privatpersonen, die sich nicht viel anders als in einem Privatprozess gegenüberstanden. Hoheitliche Befugnisse wurden dem Ankläger lediglich übertragen, soweit sie für die Durchführung der Ermittlung erforderlich waren. Der Kreis der von den Quästionen abgeurteilten Delikte ist bereits umschrieben worden; er umfasste, wie erinnerlich, den Hochverrat, den Mord und andere schwere Verbrechen.

Die *cognitio extra ordinem*, die Strafprozessform, die in der Kaiserzeit aufkam und schließlich allein herrschend wurde, wird hier vor allem um des Kontrastes willen erwähnt. Der sprechende Name verweist auf den *ordo* der spätrepublikanischen Geschworenengerichte, die *cognitio*, die Untersuchung, fand eben außerhalb dieses *ordo* statt. Das neue Verfahren wich dadurch von allem Bisherigen ab, dass hier eine und dieselbe Instanz, der Kaiser oder ein von ihm beauftragter Funktionär – ein Provinzstatthalter, der *praefectus urbi* – sowohl die Ankläger- als auch die Richterrolle ausübte. Zwar konnten der Kaiser oder dessen Delegatar, da keine verfahrensrechtlichen Bindungen vorhanden waren, von Fall zu Fall die Akkusation gestatten; grundsätzlich aber galt für die *cognitio extra ordinem* das Inquisitionsprinzip. Erst im Gefolge der Aufklärung wurde diese unheilvolle Union von Untersuchendem und Richtendem wieder beseitigt (vgl. o. S. 37). Die *cognitio extra ordinem* kannte keine gesetzliche Fixierung der Tatbestände und Strafen (wie sie insbesondere für die Quästionen verbindlich gewesen war) – ein Umstand, der zumal in der späteren Kaiserzeit zu blanker

Willkür führen konnte. Immerhin pflegte sich die *cognitio extra ordinem* am eingeführten Gerichtsgebrauch zu orientieren, und als eine neue Sicherung kam mit ihr der Instanzenzug auf, die Appellation vom Statthalter an den Kaiser.

## 3 Strafrecht und Politik im Zeitalter der Revolution

Publius Rutilius Rufus, Konsul des Jahres 105 v. Chr., ein tüchtiger Offizier, der sich im Kampf gegen Jugurtha und gegen die Cimbern hervorgetan hatte, war als Angehöriger des Kreises um den jüngeren Scipio ein überaus gebildeter Mann, den kein geringerer als Panaitios in die stoische Lehre eingeführt hatte. Er war mit Quintus Mucius Scaevola dem Pontifex, einem der juristischen Lehrmeister Ciceros, befreundet; er begleitete ihn, den Prokonsul, im Jahre 94 v. Chr. als Legat in die Provinz Asia. Dort versuchte er, wie sein Vorgesetzter, den Provinzialen Gerechtigkeit widerfahren zu lassen; dies aber brachte ihn in Konflikt mit den Steuerpächtern, die der Ritterschaft angehörten. Die Rache blieb nicht aus: Rutilius Rufus wurde, nach Rom zurückgekehrt, wegen Untertanenerpressung angeklagt und von dem mit Rittern besetzten Gerichtshof verurteilt. Er war zu arm, die Strafsumme, die man ihm auferlegt hatte, zu entrichten; er ging zu eben denen ins Exil, die er ausgebeutet haben sollte, nach Lesbos und nach Smyrna. Cicero hat ihn dort im Jahre 78 besucht; er behauptet, er habe damals von ihm das Gespräch mitgeteilt bekommen, das er in „De re publica" Scipio mit dessen Freunden führen lässt (De re publica 1, 13 und 14).

Ein flagrantes Beispiel von Willkürjustiz: Der Mann, der die Provinzbewohner vor ungesetzlichem Steuerdruck hatte bewahren wollen, wurde wegen eben des Delikts verurteilt, dem er sich in den Weg gestellt hatte, wegen Erpressung. Das skandalöse Ereignis soll hier daran erinnern, wie sehr auch das Gerichtswesen jenen pathologischen Zustand bekundet, dem das gesamte republikanische Staatswesen seit der Revolution der Gracchen anheimgefallen war.

Zunächst, als die ersten *quaestiones perpetuae* aufkamen, hatte die 300 Stellen zählende Senatorenliste auch hierfür gedient; die Geschworenengerichte waren also durchweg mit Senatoren besetzt. Dies galt auch für das besonders wichtige Repetundendelikt, das vornehmlich von Provinzstatthaltern, von Senatoren also, begangen wurde: Man saß über Seinesgleichen zu Gericht. Gewiss mag auch einmal jemand verurteilt worden sein, der es allzu bunt getrieben hatte; in der Regel jedoch werden die einen Krähen den anderen die Augen nicht ausgehackt haben. Gaius Gracchus brachte daher ein Gesetz ein – das Richtergesetz –, das die Quästionen samt und sonders den Angehörigen des Ritterstandes überantwortete. Dass hiermit nichts gebessert wurde, zeigt das Beispiel des Rutilius Rufus und anderer – Gracchus soll auch gar nicht die Absicht gehabt haben zu bessern, sondern auf eben den Effekt aus gewesen sein, der auch eintrat: dass die Waffe der Justiz die beiden führenden Stände in grimmige Feindschaft stürze.

Die Geschworenengerichte blieben bis zum Untergang der Republik ein Zankapfel zwischen Senat und Ritterschaft. Im Jahre 91, unmittelbar nach dem Fehlurteil gegen Rutilius Rufus, unternahm der Volkstribun Livius Drusus einen ersten Versuch, das gracchische Richtergesetz zu beseitigen: er wollte den Senat durch angesehene Ritter vergrößert wissen, sodass sich die Richterliste aus Senatoren und (ehemaligen) Rittern zusammengesetzt hätte. Die kühne Initiative scheiterte. Im Zuge der sullanischen Restauration wurde dann schlechtweg der vorgracchische Zustand wiederhergestellt; das Geschworenenamt kehrte somit zur Senatsaristokratie zurück. So war auch das Gericht, das über Verres urteilte, ausschließlich mit Senatoren besetzt. Doch bald kam es zu einer abermaligen Änderung – sie zeichnete sich schon ab, als Cicero am 5. August des Jahres 70 die „Erste Actio" vortrug, sodass er die drohende Möglichkeit als Druckmittel benutzen konnte. Im September hat sodann der Prätor Lucius Aurelius Cotta ein Gesetz eingebracht, das einen Kompromiss im Sinne des Livius Drusus zum Inhalt hatte: Es wies das Richteramt zu gleichen Teilen drei Rangklassen zu: den Senatoren, den Rittern und den Ärartribunen, welch letztere eine wenig bekannte, den Rittern fast gleichgestellte Gruppe ausmachten. Caesar hat dann ein Vierteljahrhundert später die Ärartribunen wieder ausgeschlossen; er setzte also endlich durch, was schon Livius Drusus erstrebt hatte: Gerichtshöfe, die paritätisch aus Senatoren und Rittern zusammengesetzt waren.

Zwei Delikte sowie der vergebliche Kampf, der gegen sie geführt wurde, bezeugen wie kaum etwas anderes das Ausmaß der Korruption, das sich in spätrepublikanischer Zeit Roms regierender Schicht bemächtigt hatte: der *ambitus*, die unerlaubte Wählerbeeinflussung, und das *crimen pecuniarum repetundarum*, die Untertanenerpressung. Die beiden Delikte wurden von denselben Leuten, von Amtsinhabern und Bewerbern um Ämter, kurz von Angehörigen der Senatsaristokratie verübt, und sie bildeten auch in der Sache ein zusammengehöriges Paar: man beutete die Provinzen nicht nur aus, um sich persönlich zu bereichern, sondern auch, um durch Bestechung einer hinlänglichen Zahl von Wählern an das nächsthöhere Amt zu gelangen.

Die Bewerbung um ein Amt wurde nach dem Herumgehen des Kandidaten als *ambire* bezeichnet. Hiervon stammten zwei Substantive ab: *ambitio* war Terminus für die erlaubte, *ambitus* hingegen Terminus für die strafbare Bewerbung. Das Delikt hatte vielleicht schon in frührepublikanischer Zeit existiert. Dass der Stimmenkauf mit der Todesstrafe bedroht war, weiß allerdings nur Polybios mitzuteilen (6, 56); jedenfalls aber hat ein Gesetz des 5. Jahrhunderts dem Bewerber verboten, sich durch ein glänzendes Kleid kenntlich zu machen. Dass diese Vorschrift wenig fruchtete, scheint das Wort *candidatus* zu bekunden, das den Bewerber nach seinem glänzenden Kleide benannte. Im Ganzen jedoch war der *ambitus* ein Symptom der späten, der notleidenden Republik: Die Deliktskategorie sollte den leidenschaftlichen Wettlauf um die Ämter zügeln, der damals immer unerfreulichere Begleiterscheinungen mit sich brachte.

Vom 2. Jahrhundert v. Chr. an hat der Gesetzgeber immer wieder versucht, gegen Missbräuche einzuschreiten; doch je rascher die Vorschriften und Verbote einander folgten, desto deutlicher offenbarte sich die Ohnmacht des Rechts gegenüber der Korruption. Um das Jahr 115 v. Chr. wurde ein ständiger Gerichtshof für die Behandlung von *ambitus*-Fällen eingesetzt; die Jahre 81, 67 und 63 v. Chr. brachten Novellen, die Bestimmungen über Tatbestand, Strafe und Verfahren enthielten. Diese Maßnahmen richteten sich vor allem gegen den organisierten Handel, der mit den Stimmen ganzer Wählergruppen betrieben wurde; ferner suchten sie für die Zeit der Bewerbung geschenkähnliche Vergünstigungen wie Festschmäuse und öffentliche Spiele zu unterbinden; schließlich verboten sie dem Bewerber, durch ein gemietetes Gefolge übertriebene Vorstellungen von seinem Prestige zu erwecken.

Die Bestimmungen ahndeten im Allgemeinen nur die aktive Wählerbeeinflussung. Wer wegen *ambitus* verurteilt wurde, verlor das auf rechtswidrige Weise erwirkte Amt. Sulla schrieb außerdem vor, dass der Täter zehn Jahre von weiteren Amtsbewerbungen ausgeschlossen sein solle, das Gesetz vom Jahre 67 gebot den lebenslänglichen Verlust der Senatorenwürde, und die von Cicero eingebrachte *Lex Tullia* endlich bestrafte das Delikt mit zehnjähriger Verbannung aus Italien.

Der Name des *crimen pecuniarum repetundarum* – eigentlich: „Beschuldigung wegen wiederzuerstattender Gelder" – klingt geradezu euphemistisch, da er auf einen der schlimmsten Missstände spätrepulikanischer Staatsverwaltung zielt: auf die erpresserischen Willkürakte, zu denen sich das Gros der schier unumschränkt schaltenden Statthalter in den Untertanengebieten hinreißen ließ. Der Senat sah sich vom

Jahre 171 v. Chr. an wiederholt veranlasst, gegen krasse Einzelfälle einzuschreiten. Aus diesen Maßnahmen ging im Jahre 149 v. Chr. ein ständiger Gerichtshof für Erpressungen hervor – es war die erste *quaestio perpetua*, das Vorbild für alle weiteren. Das den Gerichtshof konstituierende Gesetz wurde von Lucius Calpurnius Piso eingebracht, zubenannt Frugi: „der Redliche", von einem integren Manne, der sich auch als Annalist einen Namen gemacht hat.

Die weitere Entwicklung wurde nachhaltig durch ein Gesetz bestimmt, das der Tribun Acilius Glabrio, ein Anhänger des Gaius Gracchus, im Jahre 122 v. Chr. durchsetzte. Von dieser *Lex Acilia repetundarum* sind stattliche Reste erhalten: elf Bruchstücke einer großen, beidseitig beschriebenen Erztafel, d. i. etwa ein Drittel des Ganzen, circa 15 Textseiten in den modernen Ausgaben.[8] Zunächst hatte sich die Verpflichtung des für schuldig befundenen Statthalters auf die einfache Herausgabe des unrechtmäßig Erlangten beschränkt; die *Lex Acilia* jedoch schrieb vor, dass das Urteil auf den doppelten Wertersatz lauten müsse – erst hierdurch wurde die Erpressung für jedermann erkennbar zu einem Verbrechen abgestempelt.

Zwar machte Sulla die Verdoppelung der Ersatzsumme wieder rückgängig; der kriminelle Charakter blieb jedoch erhalten, da das Delikt nunmehr einen festen Platz im System der Geschworenengerichte innehatte. Das letzte Repetundengesetz der Republik erging unter Caesars Konsulat; dort wurde die Strafe wieder verschärft.

Die vielfältigen Formen des Tatbestandes sind gewiss im Laufe der Entwicklung immer genauer bestimmt worden. Als Verres sich verantworten musste, galten die Annahme größerer Geschenke sowie jeder Kauf, den der Statthalter selbst oder seine Gehilfen abschlossen, als Erpressung, desgleichen natürlich die Aneignung fremden Gutes durch Raub oder Diebstahl, ferner Steuervergehen wie die rechtswidrige Einziehung neuer oder die rechtswidrige Erhöhung bestehender Abgaben. Potentielle Geschädigte und folglich berechtigt, die Klage anzustrengen, waren sämtliche Untertanen Roms; sie mussten ihre Sache im Allgemeinen von einem römischen Anwalt ausfechten lassen.

## 4 Der Verres-Prozess

Fast alle Gemeinden Siziliens hatten Cicero, den einstigen Quästor von Lilybaeum, gebeten, sie in dem beabsichtigten Prozess gegen Verres, den sizilischen Statthalter der Jahre 73–71 v. Chr., zu vertreten. Cicero sagte zu, obwohl ihm die Rolle des Anklägers wenig behagte (er hat sie später nur noch einmal übernommen, in einem Prozess, der mit der Milo-Affäre zusammenhing, 52 v. Chr.); andererseits sah er, der aufstrebende Redner und Politiker, in dem Verfahren eine günstige Gelegenheit, von sich reden zu machen. Die Gegner, Verres und seine Helfer, hatten von Anfang an mit einem Prozess gerechnet – Cicero bekam das zu spüren, als er den ersten Schritt tat, der für die Anhängigmachung des Verfahrens erforderlich war: als er bei dem für Repetundensachen zuständigen Prätor Anzeige erstattete. Dort sah er sich einem Konkurrenten gegenüber: Quintus Caecilius Niger, ein Gefolgsmann des Verres, sein ehemaliger Quästor, wollte ebenfalls als Ankläger zugelassen werden. Cicero war genötigt, sein besseres Anrecht plausibel zu machen; er tat dies erfolgreich und mit gewohnter Souveränität – so entstand das erste Stück des Verrinen-Corpus, die „Divinatio in Caecilium“. Die Klage war jetzt angenommen; Cicero reiste unverzüglich nach Sizilien, um zu ermitteln und Beweise zu beschaffen; hierfür hatte er sich beim Prätor eine Frist von 110 Tagen ausbedungen.

Auf Sizilien erging es Cicero nicht besser, seine von Staats wegen autorisierte Tätigkeit wurde nach Kräften behindert. Man suchte ihm Urkunden vorzuenthalten; man verbot Zeugen, vor ihm auszusagen; man bedrängte die Kommunen, nichts gegen Verres zu unternehmen. Hinter all dem Treiben stand Lucius Caecilius Metellus, der Nachfolger des Verres, und sein Verhalten war durch eine unheilige Allianz bedingt, die Verres zustande gebracht hatte. Denn Quintus Metellus, ein Bruder des Lucius, bewarb sich ebenso wie Hortensius, der Verteidiger des Verres, um das Konsulat des Jahres 69 v. Chr., und Verres hatte versprochen, den Wahlen mit seinem Geld zu dem gewünschten Ziele zu verhelfen, und auch Marcus Metellus, ein weiterer Bruder des Lucius, sollte sich nicht vergebens um die Prätur bewerben. Cicero erreichte gleichwohl seinen Zweck; er brachte in rastloser Arbeit innerhalb von knapp zwei Monaten das Material zusammen, das den Inhalt der Bücher 2–5 der „Actio secunda“ ausmacht, und so konnte er vor Ablauf der Frist wieder beim Repetundenprätor vorstellig werden.

Doch die Verres-Clique hatte längst eine neue Barrikade vor ihm aufgebaut, wozu ihr eine Gerichtsusance die Möglichkeit geboten hatte. Der Prätor pflegte nämlich die Verhandlungstermine nach Maßgabe der jeweils von den Anklägern erbetenen Ermittlungsfristen festzusetzen. So war denn unmittelbar nach der Zulassung des von Cicero erstrebten Verfahrens ein anderer Ankläger erschienen; dieser hatte für seine Sache, einen angeblichen Erpressungsfall in Griechenland, eine Frist von 108 Tagen, von zwei Tagen weniger als Cicero, verlangt. Folglich kam nun zunächst der Scheinprozess wegen der griechischen Erpressungen zur Verhandlung – Cicero, der sich aufs Äußerste beeilt hatte, musste drei Monate warten, und der Termin des ersten Verhandlungstages rückte von Anfang Mai auf den 5. August.

Der griechische Erpressungsfall war nur ein Teil einer umfassenderen taktischen Konzeption. Das Jahr 70 eignete sich wenig für die Absichten des Verres, insbesondere für eine Bestechung des Gerichts. Pompeius und Crassus, die damals ihr erstes Konsulat bekleideten, steuerten einen scharf popularen Kurs: Sie drohten mit dem Abbau der sullanischen Verfassung und machten Anstalten, den Senatoren die Geschworenengerichte zu nehmen – was ja im September 70, wie schon erwähnt, in die Tat umgesetzt wurde. Verres und seine Genossen wollten daher den Prozess ins folgende Jahr hinziehen; sie hofften auf günstiger gesinnte Magistrate und ein anders zusammengesetztes Gericht. Den erstgenannten Vorteil gedachten sie zu erlangen, weil sich ja Hortensius und zwei Meteller um die Konsulate und eine Prätur bewarben; mit einem anders zusammengesetzten Gericht aber konnten sie rechnen, weil, wer Magistrat war, nicht auch Geschworener sein durfte und sich etliche der Geschworenen in der Verres-Quästion um Ämter bewarben – die mussten Anfang 69 ausscheiden, falls ihre Bewerbung erfolgreich war.

Das Verschleppungsmanöver der Verres-Clique wurde durch zwei Umstände begünstigt. Einerseits schrieb das Repetundengesetz vor, dass erst nach zweimaliger Behandlung des gesamten Prozessstoffes geurteilt werden dürfe – was bei anderen Verfahrensformen fakultativ war: dass (wenn die Richter ein *non liquet* erklärten) eine abermalige Beweiserhebung stattfand, galt im Repetundenprozess als generelle Norm. Man begreift leicht, dass sich diese Vorschrift überaus ungünstig auf die Dauer des Prozesses auswirkte. Andererseits aber standen für die Rechtsprechung von Mitte August bis zum Ende des Jahres nur noch wenige Wochen zu Gebote: Der größere Teil dieser Zeit wurde durch insgesamt vier Festperioden beansprucht, und auf weniges achtete man in Rom mit solch peinlicher Genauigkeit wie auf den Kalender mit allen seinen religiös bedingten Tabus.

Eine Partie aus der „Actio prima" (1, 31f.) ist die wichtigste Quelle für die Machenschaften der Verres-Clique und die Reaktion Ciceros:

> *Nonae sunt hodie Sextiles; hora VIII convenire coepistis; hunc diem iam ne numerant quidem. Decem dies sunt ante ludos votivos, quos Cn. Pompeius facturus est; hi ludi dies quindecim auferent; deinde continuo Romani consequentur. Ita prope XL diebus interpositis tum denique se ad ea quae a nobis dicta erunt responsuros esse arbitrantur; deinde se ducturos et dicendo et excusando facile ad ludos Victoriae; cum his plebeios esse coniunctos, secundum quos aut nulli aut perpauci dies ad agendum futuri sunt: ita defessa ac refrigerata accusatione rem integram ad M. Metellum praetorem*

*esse venturam. Quem ego hominem, si eius fidei diffisus essem, iudicem non retinuissem; nunc tamen hoc animo sum ut eo iudice quam praetore hanc rem transigi malim, et iurato suam quam iniurato aliorum tabellas committere.*

Heute ist der 5. Sextilis: um die achte Stunde seid ihr zusammengetreten; diesen Tag zählen sie schon gar nicht mehr. Zehn Tage sind es noch bis zu den Votivspielen, die Cn. Pompeius veranstalten wird; diese Spiele beanspruchen fünfzehn Tage. Dann folgen sogleich die Römischen Spiele. Auf diese Weise glauben sie, erst nach beinahe vierzigtägiger Unterbrechung auf das antworten zu müssen, was ich vorbringe; dann lasse sich die Sache durch Reden und Ausflüchte leicht bis zu den Spielen der Victoria hinziehen; daran schlössen sich die Plebejischen Spiele an, nach deren Ablauf überhaupt keine oder nur sehr wenige Tage zur Verhandlung übrig blieben. So werde die Anklage um ihre Kraft und Wirkung gebracht, und die Sache könne ohne Entscheidung an den Prätor M. Metellus gelangen. Diesen Mann aber hätte ich, wenn ich an seiner Rechtlichkeit zweifelte, nicht als Richter beibehalten; andererseits ist nunmehr meine Auffassung die, dass ich den Prozess lieber, während er noch Richter ist, als unter seiner Prätur entschieden wissen möchte; denn ich will eher dem Vereidigten nur die eigene als dem Unvereidigten die Stimmen aller anderen anvertrauen.

„Heute ist der 5. Sextilis": also der 5. August; „um die achte Stunde": also um zwei Uhr nachmittags. „Bis zu den Votivspielen": Pompeius hatte sie für seinen Sieg über Sertorius gelobt; sie dauerten vom 16. August bis zum 1. September. Dann folgten, vom 5. bis zum 19. September, die Römischen oder Großen Spiele. Die Spiele der Victoria, von Sulla für den Sieg am collinischen Tor gestiftet, währten vom 26. Oktober bis zum 1. November, und hieran schlossen sich vom 4. bis zum 17. November die Plebejischen Spiele an. Die Gegner glaubten, dass Cicero die wenigen Gerichtstage bis zu den Römischen Spielen ganz für sich, für seine Anklage beanspruchen würde; sie brauchten also erst Ende September mit der Verteidigung zu beginnen. Nach deren Abschluss – vielleicht erst Ende November – stünde noch die zweite Verhandlung, die Wiederholung bevor; man durfte sicher sein, dass es im Jahre 70 nicht mehr zu einem Urteil kommen würde. Der Schluss der Partie zeigt, dass ein Teil der gegnerischen Rechnung bereits aufgegangen war: Ende Juli hatten die Wahlen für das Jahr 69 stattgefunden. Marcus Metellus war erfolgreich, ja der Zufall hatte es gefügt, dass er bei der Verlosung der Amtsbereiche den Vorsitz im Repetundengerichtshof erhielt. Desgleichen erreichten Hortensius und Quintus Metellus ihr Ziel; Verres würde also im kommenden Jahr zwei Verbündete zu Konsuln haben – seine Anhänger hatten allen Grund, ihm mit Nachdruck zu gratulieren.

Was Cicero in dieser Lage zu tun gedachte und auch tat, wie er den Verschleppungsplan der Verres-Clique durchkreuzte, zeigt mit Deutlichkeit die anschließende Partie der „Actio prima" (1, 32–34):

*Nunc ego, iudices, iam vos consulo quid mihi faciendum putetis; id enim consili mihi profecto taciti dabitis quod egomet mihi necessario capiendum intellego. Si utar ad dicendum meo legitimo tempore, mei laboris industriae diligentiaeque capiam fructum, et hac accusatione perficiam ut nemo umquam post hominum memoriam paratior, vigilantior, compositior ad iudicium venisse videatur. Sed in hac laude industriae meae reus ne elabatur summum periculum est.*
*Quid est igitur quod fieri possit? Non obscurum, opinor, neque absconditum. Fructum istum laudis, qui ex perpetua oratione percipi potuit, in alia tempora reservemus: nunc hominem tabulis, testibus, privatis publicisque litteris auctoritatibusque accusemus.*
*Res omnis mihi tecum erit, Hortensi. Dicam aperte. Si te mecum dicendo ac diluendis criminibus in hac causa contendere putarem, ego quoque in accusando atque in explicandis criminibus operam consumerem: nunc quoniam pugnare contra me instituisti non tam ex tua natura quam ex istius tempore et causa, necesse est istius modi rationi aliquo consilio obsistere. Tua ratio est ut secundum binos ludos mihi respondere incipias, mea ut ante primos ludos comperendinem. Ita fiet ut tua ista ratio existimetur astuta, meum hoc consilium necessarium.*

Jetzt frage ich euch, ihr Richter: was, glaubt ihr, soll ich tun? Sicherlich wollt ihr mir stillschweigend eben den Rat erteilen, den ich, wie ich wohl sehe, notgedrungen befolgen muss. Wenn ich für meinen Vortrag die mir von Gesetzes wegen zustehende Zeit beanspruche, dann kann ich gewiss die Früchte meiner Mühe, Beharrlichkeit und Sorgfalt ernten und durch diese Anklage dartun, dass seit Menschengedenken nie jemand schlagfertiger, achtsamer und besser gerüstet vor Gericht erschienen ist. Doch bei all dem Lob für meinen Eifer besteht die dringende Gefahr, dass mir der Angeklagte entschlüpft.
Was kann man also tun? Nichts, meine ich, was dunkel und verborgen wäre. Den Genuss des Lobes, den ich mir durch einen zusammenhängenden Vortrag verschaffen könnte, will ich mir für ein andermal aufsparen; doch jetzt will ich den Mann mit Hilfe von Rechnungsbüchern, Zeugen, privaten und öffentlichen Schriftstücken und gewichtigen Beweisen anklagen.
Hierbei habe ich es allein mit dir zu tun, Hortensius. Ich will offen sprechen. Wenn ich glaubte, du wollest in diesem Prozess mit deinem Plädoyer und der Widerlegung der Schuldvorwürfe gegen mich streiten, dann

> würde auch ich auf die Anklagerede und die Erörterung der Vorwürfe Mühe wenden. Nun bist du aber entschlossen, nicht so sehr, wie es deinem Wesen entspricht, sondern wie es die Umstände und die Lage des Verres erfordern, gegen mich zu kämpfen; da ist es unumgänglich, einem derartigen Vorhaben mit irgendeiner Maßregel zu begegnen. Dein Plan sieht vor, dass du erst nach Beendigung zweier Festzeiten anfangen wirst, mir zu antworten, meiner hingegen, dass ich noch vor Beginn der ersten Festzeit den Termin für die zweite Verhandlung erwirke. So wird man denn deinen Plan für schlau, meinen Gegenplan jedoch für unumgänglich halten.

Man glaubt zu spüren, wie schwer es Cicero gefallen ist, auf die *perpetua oratio*, die zusammenhängende Rede, die den gesamten Prozessstoff zunächst in seiner Version vorgeführt hätte, zu verzichten und stattdessen sofort in die Beweisaufnahme einzutreten. Hortensius hatte gehofft, erst am 20. September mit der Verteidigung beginnen zu müssen; Cicero hingegen gedachte zu erreichen, dass vor dem 16. August der Termin für die zweite Verhandlung festgesetzt würde – man könne somit am 20. September bereits mit der vom Gesetz vorgeschriebenen Wiederholung der ganzen Prozedur beginnen.

Ciceros Rechnung ging auf, sein Plan erwies sich als durchführbar. Vom 6. August an wurde Punkt für Punkt durch Zeugen und Urkunden bewiesen, dass sich Verres während seiner Statthalterschaft um insgesamt 40 Millionen Sesterzen unrechtmäßig bereichert hatte. Die erste Verhandlung war am 13. August beendet; für den Beginn der zweiten sah man den 20. September vor. Dazu kam es jedoch nicht: Verres hatte aus dem Scheitern seines Verschleppungsplanes die Konsequenzen gezogen und war mitsamt seinen Kunstschätzen ins Exil nach Massilia entwichen. Dort hat er noch 27 Jahre in Freuden gelebt, bis ihn Antonius umbringen ließ – derselbe Mann, dem auch Cicero zum Opfer fiel.

Die zweite Verhandlung fand also nicht statt; das Gericht brauchte nur noch die *litis aestimatio* durchzuführen, die „Festsetzung der Entschädigungssumme", die das Verfahren abschloss. Verres habe, berichtet Plutarch hierzu[9], nur drei Millionen Sesterzen zurückzahlen müssen – wohl deshalb, weil man nicht mehr hatte beschlagnahmen können. Cicero aber sah sich abermals um die Chance gebracht, durch eine große zusammenhängende Rede zu glänzen. Er wusste Rat: Er veröffentlichte sein Material sofort als Buch. Da dergleichen Dokumentation in Buchform zu seiner Zeit unbekannt war, richtete er das Werk so her, als handele es sich um eine wirklich gehaltene Rede.[10] „Die Zweite Actio gegen Verres", die auf diese Weise entstand, ist in weit höherem Maße ein Literaturwerk als alle übrigen Reden Ciceros.[11]

# Prozesstaktik in Reden Ciceros

1. Prozesstaktik im weitesten Sinne; Gliederungs- und Stilkünste als teils offene, teils geheime Verführer, mit der Rede „Pro Quinctio" als Beispiel.
2. Der Aufbau der Rede in der rhetorischen Theorie. Die Rede „De imperio Cn. Pompei" als Beispiel für eine Gliederung, die lediglich den Stoff überschaubar machen soll.
3. Raffinessen des Aufbaus zu persuasiven Zwecken: die Rede „Pro Sexto Roscio Amerino".
4. Fortsetzung der Betrachtung prozesstaktisch bedingter Aufbauschemata: die Reden „Pro Cluentio Habito" und „Pro Milone".

## 1 Taktik als Verführungskunst

Als prozesstaktisch bedingt lässt sich wohl schlechthin alles deuten, was ein Anwalt um seines Mandanten willen ins Werk setzt. Unter den Begriff fallen nicht nur jene Bereiche zwischen Wahrheit und Wahrscheinlichkeit, die schon von den Sophisten diskutiert worden waren und zu denen sich auch Cicero auf ziemlich gewagte Weise geäußert hat (s. o. S. 14f. u. 17f.), er umfasst eine Fülle von Handlungen sowohl vorbereitender als auch vollziehender Art. Zur erstgenannten Kategorie gehören sämtliche Zurüstungen für den eigentlichen Prozess: Die Parteien und somit auch deren Anwälte hatten in Rom einigen Einfluss auf die Bestimmung des Einzelrichters oder die Zusammensetzung des Geschworenengerichtshofs; ihr Wille konnte sich auf die Fristen und Termine auswirken, und nach ihrem Gutdünken bemaß sich der Umfang des Beweismaterials. Während der Verhandlung aber, im Plädoyer, konnte der Anwalt sein taktisches Geschick auf dreierlei Weise bekunden: durch die Beschaffung und Auswahl möglichst sachdienlicher Argumente, also durch das, was die antike Theorie als Erfindung *(inventio)* bezeichnete, ferner durch deren Gliederung und Anordnung *(dispositio)* und schließlich durch den Stil, die sprachliche Zubereitung, in der er seinen in bestimmter Weise angeordneten Stoff darbot *(elocutio)*.[1]

Für die mögliche Reichweite prozesstaktischer Maßnahmen lässt sich kein besseres Beispiel namhaft machen als das Verfahren gegen Verres, den erpresserischen Statthalter Siziliens (73–71 v. Chr.); hier bekunden die Quellen ein an Finten und Gegenfinten reiches Duell zwischen Cicero und der Gegenseite, das sich von der Anhängigmachung der Klage bis zum Exil des Delinquenten hinzog (s. o. S. 48 ff.). Eine derart weit ausholende Strategie, bei der Jurisdiktion und Politik aufs engste ineinander verzahnt sind und in der man zwei nahezu ebenbürtige Gegner einander messen sieht, gehört allerdings zu den Seltenheiten der Überlieferung. Im Allgemeinen muss man sich für das Wie des Prozessverlaufs mit der Verhandlung selbst und zumal mit dem erhaltenen ciceronischen Plädoyer begnügen – in der Fassung, die der Buchveröffentlichung zuteil wurde.

Die Frage nach der Taktik in den von Cicero geführten Prozessen lässt sich somit meist nur durch den Rekurs auf die drei *officia oratoris* beantworten, die in den überlieferten Texten fixiert sind: auf die *inventio*, die *dispositio* und die *elocutio*.[2] Die Untersuchung dieser Gegebenheiten kann sich in drei Richtungen erstrecken. Sie kann sich einmal der Rede selbst annehmen und versuchen, die rechtliche und politische Situation zu rekonstruieren, aus der sie erwachsen ist. Sie kann zum anderen auf die rhetorische Theorie zurückgreifen, um zu zeigen, wie und in welchem Maße der Redner seine Aufgabe unter Anwendung der dort kodifizierten Regeln und mit Hilfe der dort bereitstehenden Kunstgriffe gelöst hat. Sie kann außerdem nach den besonderen Mitteln einer jeden Rede fragen, die – ohne dass sie der Theorie entnommen wären – für den Redner typisch sind.[3]

Die Ergebnisse dieser drei Fragerichtungen – der nach den historischen Voraussetzungen, der nach der rhetorischen Technik und der nach der individuellen Gestaltungskraft – dienen keineswegs nur dem Zweck, eine Rede als Instrument der Überredung zu charakterisieren. Wer überreden will, muss zunächst belehren, und die genannten Kategorien, die Stoffauffindung, die Stoffgliederung und die Stilisierung, haben zuallererst die Aufgabe, den Redner zur Sammlung, Ordnung und anschaulichen Präsentation des jeweiligen Materials anzuhalten. Der Redner muss, unabhängig von aller Manipulation und Taktik, Übersicht über seinen Fall gewinnen und in der Lage sein, dem Publikum ein nicht geringeres Maß an Übersicht zu verschaffen – ein Erfordernis von bisweilen erheblicher Schwierigkeit, dessen Erfüllung sich nicht von selbst versteht.[4] Der Interpret wiederum sieht sich demgemäß zunächst mit der Aufgabe konfrontiert, die Ordnungsleistung einer jeden Rede zu erfassen; erst auf dieser Folie kann und soll er die ihr von ihrem Autor gleichsam eingeimpfte Tendenz auszumachen suchen.

Taktik und Tendenz sind nur sehr zum Teile deckungsgleich. Eine wie immer geartete Taktik dient nicht notwendigerweise dem Zweck, die

Wahrheit zu verschleiern oder zu entstellen. Auch die gute, gerechte Sache bedarf je nach Lage der Dinge eines geringeren oder größeren taktischen Geschicks, und unbeholfene Anwälte laufen, wie jedermann weiß, auch dann Gefahr zu unterliegen, wenn die besseren Argumente auf ihrer Seite sind. Taktische Maßnahmen können als ambivalente Größen sowohl der Wahrheit als auch einer mehr oder weniger gut fundierten Wahrscheinlichkeit zum Siege verhelfen wollen. Aus diesem Grunde hat der auf prozesstaktisch bedingte Gegebenheiten einer ciceronischen Rede erpichte Interpret mitunter kein leichtes Spiel. Er ist auf ein je nach Quellenlage mehr oder minder eingeschränktes Quantum von Widersprüchen, Unstimmigkeiten und Unwahrscheinlichkeiten angewiesen, und er darf überhaupt nur deshalb von Fall zu Fall mehr Einsicht für sich beanspruchen als das ursprüngliche Publikum, weil er, dem Zeitablauf der Mündlichkeit enthoben, das Ganze der Rede überblickt und alle Aussagen miteinander vergleichen und jede Behauptung oder Andeutung sorgfältig prüfen kann.

Prozesstaktische Maßnahmen von welcher Tendenz auch immer werden vom Redner teils als offene, teils als mehr oder minder gründlich versteckte Überredungsmittel konzipiert. Die drei den Redetext konstituierenden *officia* lassen sich hiernach grob klassifizieren. Was der Redner ‚findet', sein Stoff, seine Motive, seine Gemeinplätze und Argumente, dienen im Wesentlichen dazu, direkt auf die Zuhörerschaft einzuwirken. Was er zudem an stilistischen Künsten aufwendet, um sein Material eingängig und gefällig vorzuführen, liegt ebenfalls als sofort erfassbare formale Qualität offen zutage, kann jedoch zugleich – eben weil es sich um eine formale Qualität handelt – auf dem Umweg über das Erwecken von Emotionen einen Überschuss an überredender Kraft enthalten, der vom Publikum nicht immer sogleich bemerkt und neutralisiert wird.

Die geheimen Verführer der Rede, die nicht offen zutage liegenden Maßnahmen, die zuallererst den Verdacht erregen, von der Wahrheit ablenken zu sollen – diese geheimen Verführer scheinen vornehmlich der zweiten ‚Pflicht des Redners', der Disposition, dem Aufbau zu inhärieren. Die Makrostruktur eignete sich offenbar besonders gut zu einer Art von Einflussnahme, die sich ohne das Einverständnis und gleichsam hinter dem Rücken der Zuhörer vollzog. Gewiss gab es auch Gliederungen, die von versteckten Wirkungszielen völlig frei waren, deren Funktion sich darin erschöpfte, den Stoff in guter Ordnung darzubieten. Sehr oft aber sollte schon die Form, die der Redner dem Ganzen gegeben hatte, irgendwelche Eindrücke vermitteln, Zusammenhänge suggerieren, Schlussfolgerungen nahelegen usw.

Man muss bei diesem Phänomen das Gewicht berücksichtigen, das im antiken Prozess der Mündlichkeit zukam. Jedenfalls die Geschworenen der vielköpfigen Strafgerichtshöfe hielten keinerlei Akten in Händen, weder vor noch während der Verhandlung; sie waren bei dem Bestreben, auf Grund der Vorträge der Parteien sowie der Zeugenaussagen und der Verlesung von Urkunden zu einem Urteil zu gelangen, ganz und gar auf ihr Gedächtnis angewiesen. So erklärt sich auch die Einrichtung der *comperendinatio* oder *ampliatio*, das heißt der Vertagung und der zweimaligen Behandlung des Prozessstoffes[5]: Jeder Richter konnte nach Abschluß der Beweisaufnahme, statt sein Urteil zu fällen, erklären, dass ihm die Sache nicht klar sei, *sibi non liquere*; wenn auf diese Weise keine Mehrheit für einen Freispruch oder eine Verurteilung zustande kam, musste die Verhandlung wiederholt werden. Bisweilen war die zweimalige Erörterung des gesamten Prozessstoffes von Gesetzes wegen vorgeschrieben, z. B. bei der Aburteilung von Erpressungen – offenbar deshalb, weil es für die Geschworenen bei diesem Delikt besonders schwierig war, die erforderliche Übersicht zu gewinnen.

Die Gliederung soll den Prozessstoff überschaubar machen – so Cicero ausdrücklich in seiner frühesten erhaltenen Rede, dem privatrechtlichen Plädoyer „Pro Quinctio"[6]; er zählt dort in der *partitio* die Themen der Beweisführung auf und bemerkt hierzu: *rem facilius totam accipietis, si haec memineritis* – „ihr werdet den ganzen Sachverhalt leichter erfassen, wenn ihr euch hieran erinnert". Es handelt sich allerdings um eine Überschaubarkeit, die der Anwalt geschaffen hat, und die ist nicht selten trügerisch. Man kann daher die zitierte Aufforderung Ciceros auch als Ablenkungsmanöver deuten: Der Redner sucht die Aufmerksamkeit seiner Zuhörer auf etwas Vordergründiges zu lenken, um desto ungestörter in aller Stille noch etwas anderes zu vermitteln – dieses andere ist, wenn es existiert, das eigentliche Ziel der Überredung.

In der Rede für Quinctius scheint das Studium des Inhalts den Verdacht zu bestätigen, dass der Aufbau zweierlei bewirken, dass er zugleich verdeutlichen und verheimlichen soll. Er verdeutlicht den äußeren Ablauf des einigermaßen komplizierten Geschehens; er macht als das notwendige Skelett des Ganzen auch die Einzelheiten memorierbar. Er verbirgt hierbei, dass ein Teil dieser Einzelheiten einem besonderen Zwecke dient: Die Zuhörer sollen einen bestimmten, durchaus negativen Eindruck vom Charakter des Gegners, des Naevius, gewinnen. Ciceros taktischer Plan bestand in der Rede für Quinctius offenbar darin, dem Gericht zunächst dieses negative Charakterbild zu suggerieren, um sich dann erst den für den konkreten Rechtsfall wichtigen Argumenten zuzuwenden.

In die erstgenannte Funktion teilen sich – über die Fugen der Gliederung hinweg – die Einleitung (1–10), die Schilderung des Sachverhalts (11–32) und der erste, für die Rechtsfrage des Falles ganz unerhebliche Abschnitt der Beweisführung (37–59). Cicero operiert dort einerseits mit allerlei moralischen Wert- oder vielmehr Unwertbegriffen (der Gegner sei habgierig und skrupellos usw.), andererseits mit Tatsachenbehauptungen (der Gegner habe sich so und so verhalten). Beides aber steht in ständigem Wechselbezug, erhellt und präzisiert sich innerhalb der genannten Partien gegenseitig und bewirkt, dass auch ein zunächst überaus misstrauischer Zuhörer schließlich von der Richtigkeit des ciceronischen Charaktergemäldes überzeugt ist. Das Verfängliche der durch eine klare Gliederung bewirkten Übersichtlichkeit scheint vor allem darin zu bestehen, dass sie dem Publikum den Eindruck von innerer Stimmigkeit vermittelt, wie bei einem Drama, und dass das Publikum diese Stimmigkeit, die es mit Hilfe seines Gedächtnisses nachvollzogen hat, für etwas nimmt, was sie nicht ist: für eine Bestätigung der Wirklichkeit, d. h. der Richtigkeit der vom Redner vorgebrachten Tatsachenbehauptungen.

## 2 Der Redeaufbau in Theorie und Praxis

Die landläufige rhetorische Theorie pflegte Probleme des Aufbaus von Reden an zwei Stellen zu erörtern: einmal im Schema der fünf ‚Pflichten' oder Arbeitsphasen des Redners, in den *officia oratoris*, zum anderen bei den Redeteilen, den *partes orationis*. Im ersten Falle war τάξις / *dispositio* der übliche Terminus; im anderen pflegte man von πρόθεσις / *propositio* oder *partitio* zu sprechen. Die eine Kategorie galt der ganzen Rede; sie bezeichnete eine Tätigkeit, die für deren Herstellung unabdingbar war, das Arrangement des gesamten Materials. Die andere Kategorie bezog sich auf die Beweisführung; sie umriss deren Thema oder gliederte sie in mehrere Punkte. Während sich die *dispositio* an der Folge der Gegenstände ablesen lässt, ohne dass der Redner sie ausdrücklich mitgeteilt hätte, ist die *partitio* ein expliziter Bestandteil des Redetextes. Gleichwohl zielen die beiden Begriffe weithin auf dasselbe Erfordernis der zweckmäßigen Anordnung des Stoffes; die Beweisführung ist – neben der Darstellung des Sachverhalts – der wichtigste Teil der Rede, und nur bei ihr kommt eine Ankündigung mehrerer einander gleichgeordneter Punkte in Betracht.

Was die rhetorische Theorie zur Thematik von *dispositio* und *partitio* mitzuteilen wusste, war ziemlich dürftig. Die Rolle, die prozesstaktische Absichten hierbei spielen konnten, deutet sich allenfalls in der Unterscheidung „natürliche und künstliche Stoffgliederung" an.

Sie findet sich z. B. bei dem spätantiken Rhetor Chirius Fortunatianus: man verfahre in der Regel nach dem üblichen Schema (Einleitung, Darstellung des Sachverhalts usw.); man könne jedoch in bestimmten Fällen, wenn das Interesse es gebiete, Teile weglassen oder umstellen.[7] Eine analoge Zweiteilung kennt bereits die „Rhetorik an Herennius"; dort werden als Möglichkeiten einer unüblichen, von der Norm abweichenden Disposition genannt (3, 17):

> *... ut si ab narratione dicere incipiamus aut ab aliqua firmissima argumentatione aut litterarum aliquarum recitatione, aut si secundum principium confirmatione utamur, deinde narratione, aut si quam eiusmodi permutationem ordinis faciemus.*

> ... z. B. wenn wir die Rede mit der Schilderung des Sachverhalts beginnen lassen oder mit einer durchschlagenden Beweisführung oder dem Verlesen einer Urkunde, oder wenn wir sogleich nach der Einleitung die Bekräftigung bringen und dann erst die Schilderung des Sachverhalts, oder wenn wir irgendeine andere derartige Änderung der Reihenfolge vornehmen.

Die Darlegungen zur *partitio,* auch *divisio* geheißen, erschöpfen sich in einer Handvoll biederer Anweisungen; sie schärfen z. B. ein, dass die einmal angekündigte Gliederung strikt befolgt werden muss.[8]

Theorie muss typisieren, generalisieren; sie kann die Wirklichkeit auch dann nicht einholen, wenn sie versucht, sich auf das je Besondere einzulassen – vielleicht ist dies die Erklärung dafür, dass sie sich gerade auf dem Felde der prozesstaktisch bedingten Stoffanordnung der Praxis gegenüber so dürftig ausnimmt; gerade hier klafft ein breiter Hiat zwischen der Monotonie der Lehre und der großen Vielfalt, die die erhaltenen Reden dank ihrer je verschiedenen, situationsbedingten Zweckform zeigen –, daher ist, wer das Raffinement zu erfassen sucht, das Cicero dem Disponieren hat zuteil werden lassen, ganz und gar auf die Analyse der Reden selbst angewiesen.

Es sei gestattet, an dieser Stelle ein Kontrastbeispiel zu bringen, ein Beispiel für eine durchweg schulmäßige Disposition, für eine Anordnung des Stoffes, die nicht zugleich eine andere Absicht verdeckt, die sich vielmehr gänzlich in dem erschöpft, als was sie erscheint. Da sich unter Ciceros Gerichtsreden kein Beispiel dieser Art dingfest machen lässt (sie unterliegen allesamt mindestens dem Verdacht, raffiniert und doppelbödig zu sein), muss ein Stück aus einer anderen Gattung herhalten: die politische Rede „De imperio Gnaei Pompei", verfasst im Jahre 66 v. Chr., während Ciceros Prätur. Die Rede suchte einen Antrag zu unterstützen, der auf ein Ausnahmegesetz zugunsten des Pompeius zielte; kein anderer als dieser sei geeignet, als römischer Oberbefehlshaber den gefährlichen Krieg gegen Mithridates VI., den König von Pontos, zu beenden. Es handelt sich also – nach den Kategorien der Schulrhetorik – um eine beratende Rede. Sie steht indes der Panegyrik nicht fern, da sie sich bemüht, die Fähigkeiten des Pompeius in den rosigsten Farben zu schildern; ihr eignet, wie man festgestellt hat, wegen ihres gleichmäßig feierlichen Stils und zumal wegen ihrer pedantisch abgezirkelten Gliederung etwas Akademisches.[9]

Von einer eigenen Schilderung des Sachverhalts hat Cicero abgesehen (er erwähnt die von ihm zum Verständnis für erforderlich erachteten Tatsachen in der Einleitung); im Übrigen zeigt die Rede folgenden Aufbau:

EINLEITUNG (1–5):
Das Volk hat Cicero mit dem Amt eines Prätors betraut
Die Lage in Asien
GLIEDERUNG (6):
Die Beweisführung besteht aus drei Teilen
HAUPTTEIL (6–68):
Beweisführung (6–50):
1. Die Beschaffenheit des Krieges *(genus belli)*; was im Kampf gegen Mithridates auf dem Spiel steht (6–19)
2. Die Größe des Krieges *(magnitudo belli)*; weshalb dieser Krieg nach wie vor gefährlich ist (20–26)
3. Der geeignete Oberbefehlshaber *(de imperatore deligendo)*; die vier Eigenschaften des großen Feldherrn (27–50):
   a) *scientia rei militaris* (28)
   b) *virtus* (29–42)
   c) *auctoritas* (43–46)
   d) *felicitas* (47–48)
4. Rekapitulation der Beweisführung (49–50)

Widerlegung abweichender Meinungen (51–68)
SCHLUSSWORT (69–71)

Diese Disposition wirkt nicht zuletzt deshalb ‚akademisch', weil sie aufdringlich zur Schau gestellt wird; manches klingt auch steif und hölzern wie in einem fachwissenschaftlichen Lehrbuch. *Primum mihi videtur de genere belli, deinde de magnitudine, tum de imperatore deligendo esse dicendum* – „Zuerst muss ich offenbar die Beschaffenheit des Krieges, dann seine Größe und schließlich die Wahl des Oberbefehlshabers erörtern": so die Gliederung (6). *Genus belli est ...*, verlautet dann zu Beginn des ersten Abschnitts des Hauptteils (ebendort); *quoniam de genere belli dixi, nunc de magnitudine pauca dicam*, heißt es in der nächsten Systemfuge (20). Die Gliederung dient in der Rede für den Oberbefehl des Pompeius einzig und allein dem Zweck,

Übersichtlichkeit und Einprägsamkeit herzustellen; eine irgendwie darüber hinausgehende Überredungsfunktion lässt sich nicht feststellen.

## 3 Aufbau zu persuasiven Zwecken

Das Gegenteil hiervon gilt z.B. für die Rede „Pro Sexto Roscio Amerino": Die Anordnung, die Cicero in diesem Plädoyer dem Prozessstoff hat zuteil werden lassen, soll offenbar nicht nur für Klarheit und formale Evidenz sorgen; sie hat darüber hinaus die Aufgabe, insgeheim dem Inhalt der Rede, der Deutung, die Cicero dem gesamten Geschehen zu geben wünscht, ein höheres Maß an Eindringlichkeit zu verleihen.

Sextus Roscius sollte seinen Vater ermordet haben.[10] Das Verfahren gegen ihn war die erste Mordsache, die nach Beendigung des sullanisch-marianischen Bürgerkriegs vor Gericht kam; es beruhte auf der Neuordnung, die der Diktator Sulla der Strafjustiz hatte angedeihen lassen (80 v. Chr.). Voraussetzungen des Prozesses waren Geschehnisse, die zum Dunkelsten der römischen Geschichte gehören. Sulla hatte nach der entscheidenden Schlacht am collinischen Tor im Nordosten Roms (Oktober 82 v. Chr.) die Gegner für vogelfrei erklärt; die Namen der Geächteten wurden ‚proskribiert', d.h. auf Tafeln veröffentlicht. Wer proskribiert war, durfte von jedermann getötet werden, und sein Vermögen verfiel dem Staat, der die konfiszierten Werte auf dem Forum versteigern ließ.

Sextus Roscius senior wurde einige Monate nach dem 1. Juni 81 v. Chr., dem gesetzlichen Schlusstermin für die Proskriptionen, ermordet. Er gelangte gleichwohl auf die Proskriptionsliste; der Freigelassene Chrysogonus, ein Günstling Sullas, wusste seine stattliche Hinterlassenschaft für einen Spottpreis an sich zu bringen. Zwei Verwandte des Getöteten, Roscius Capito und Roscius Magnus, erhielten einen reichlich bemessenen Anteil. Chrysogonus und die beiden Roscier bangten um ihre Beute; sie suchten sich, nachdem ihre Anschläge erfolglos geblieben waren, des jungen Sextus Roscius durch eine Mordanklage zu entledigen.

So, in äußerster Kürze, das Skelett der Fakten, das sich der Darstellung Ciceros entnehmen lässt. Der Sachverhalt ist, wie man längst bemerkt hat[11], keineswegs schlüssig: Der ältere Sextus Roscius, der angeblich von seinem Sohn Ermordete, stand auf der Liste der Proskribierten, durfte also straffrei getötet werden. Dass er, wie Cicero behauptet, zu Unrecht dorthin geraten war, macht die Sache nicht besser: Chrysogonus und seine Helfer mussten, da sie sich weiterhin ihrer Beute erfreuen wollten, auf der Rechtmäßigkeit der Ächtung bestehen.

Wie konnten sie dann aber, ohne sich selbst in Gefahr zu bringen, eine Mordanklage gegen den Sohn anstrengen? Wenn der Sohn freigesprochen wurde, dann hatten sie den Zweck des Unternehmens, ihn zu beseitigen, verfehlt; wenn er verurteilt wurde, dann konnte ihr Proskriptionsgewinn von Verwandten angefochten werden.

Einige Gelehrte suchten dem Problem auf überaus geistvolle Weise beizukommen. Sie meinten, Chrysogonus und Genossen hätten mit einem Freispruch des jungen Roscius gerechnet.[12] Dieser würde sich darauf berufen, dass er den Vater, der vogelfrei gewesen sei, von Rechts wegen gar nicht habe ermorden können; hiermit aber hätte er sich für immer der Möglichkeit begeben, die Konfiskation des väterlichen Vermögens mit der Begründung anzufechten, dass die Proskription zu Unrecht erfolgt sei: eben dies habe Chrysogonus mit der Mordanklage bezweckt. Prozesstaktik der massivsten Art schon auf Seiten der Anklage, und Cicero hätte den tückischen Stoß auf ebenso unerwartete wie souveräne Weise abgewehrt – indes, die Hypothese scheint zu fein gesponnen. Cicero bedroht den von der Gegenseite vorgeschickten Ankläger Erucius mit dem Calumnienverfahren, dem Verfahren wegen wissentlich falscher Anklageerhebung, während er zugleich die Rechtmäßigkeit der Ächtung des älteren Roscius bestreitet (55ff.); hierzu hätte er weit mehr Grund gehabt, wenn der Freispruch des Sohnes die Rechtmäßigkeit der Ächtung bestätigt hätte.

Wenn es somit als sicherer erscheint, den Anklägern ein derart dreistes Vorgehen nicht anzusinnen, bleibt nur die konventionelle, mit der Auffassung Ciceros übereinstimmende Annahme, daß sich Chrysogonus auf seine Macht verlassen habe. Die Ankläger wagten auch so einen heiklen Balanceakt. Sie konnten einerseits ihres Besitzes nicht froh werden; im revolutionären Rom der achtziger Jahre waren vor dem Siege Sullas schon zweimal die auf Ächtung der politischen Gegner beruhenden Konfiskationen wieder aufgehoben worden[13] – die Möglichkeit einer abermaligen Umwälzung ließ sich aus damaliger Perspektive durchaus nicht als Hirngespinst abtun. So suchten sie vor allem Roscius, den nächsten Erben, mundtot zu machen; hiermit nahmen sie andererseits das Risiko eines Prozesses auf sich. Dies schien ihnen das geringere Übel zu sein: eine Schreckenszeit war eben erst zu Ende gegangen, und Sulla, der grausame Sieger, herrschte noch mit uneingeschränkter Machtvollkommenheit. Chrysogonus und seine Komplizen glaubten sich durch den Diktator gedeckt und nahmen an, dass der junge Roscius entweder überhaupt keinen oder nur einen sehr unzulänglichen Verteidiger finden werde.[14]

Diese Rechnung ging nicht auf; Cicero zögerte nicht, die Hintermänner des Anklägers Erucius bloßzustellen und darzutun, dass es nur zum Scheine um die Ermordung und in Wahrheit um das Vermögen des älteren Roscius ging. Ein exakt den Tatsachen entsprechendes Bild vom Handeln der Beteiligten wagte indes auch er allem Anschein nach nicht zu vermitteln; er hat es offenbar zugunsten des Chrysogonus, den er nicht gänzlich preisgeben mochte, geschönt, und hierzu bediente er sich neben direkten Aussagen auch des formalen Mittels, seiner Version durch ein bestimmtes Arrangement eine größere Überzeugungskraft zu verleihen.

Ciceros Rede befolgt, äußerlich betrachtet, das landläufige Schema der rhetorischen Theorie; sie gliedert sich in
- die Einleitung (1–14);
- die Schilderung des Sachverhalts (15–29);
- den Überblick über die Themen der Beweisführung (29–36);
- die Beweisführung, in drei Stufen (37–142):
  1. die Widerlegung der Vorwürfe des Erucius (37–82);
  2. die Beschuldigung der beiden der Tat verdächtigen Roscier (83–123);
  3. die Entlarvung des Chrysogonus, als des ‚Schirmherrn' der Affäre (124–142);
- das Schlusswort (143–154).

Die Einleitung nimmt den wichtigsten Punkt der Sachverhaltsschilderung vorweg: Wie mit einem Trompetenstoß eröffnet Cicero dem Gericht, dass der Prozess auf das Vermögen des älteren Roscius zielt, auf die Sicherung der Beute, die Chrysogonus sich verschafft hat. Die Schilderung des Sachverhalts bereitet mit größter Präzision vor, was die Beweisführung dartun soll, wie denn Cicero stets peinlich darauf achtet, dass diese beiden Teile der Rede genau aufeinander abgestimmt sind.

Die Beweisführung zerlegt das Komplott der Ankläger in drei je verschiedene Anteile (35):

> Drei Dinge sind es, die ... zu dieser Stunde gegen Sextus Roscius sprechen: der Schuldvorwurf der Gegner, ihre Skrupellosigkeit und ihre Macht. Die Erfindung des Schuldvorwurfs übernahm der Ankläger Erucius; den Anteil der Skrupellosigkeit verlangten die beiden Roscier für sich; Chrysogonus aber, der das meiste vermag, kämpft mit der Waffe seiner Macht.

Diese Dreiteilung ist für die ganze Beweisführung maßgeblich, sodass die Zuhörerschaft ein ebenso klares wie einleuchtendes Bild von dem Geschehen empfängt. Die erste Stufe der Argumentation weist die Beschuldigungen des Erucius zurück; die zweite sucht die beiden Roscier als die wahren Tatverdächtigen hinzustellen, und die dritte zeigt, dass Chrysogonus der ‚Schirmherr' und Hauptnutznießer des Mordes war. Die Suggestivkraft dieser Klimax wird durch den parallelen Aufbau der beiden ersten Beweisstufen erhöht: Cicero befaßt sich jeweils (a) mit der Frage des Tatmotivs (38–73 ~ 84–91); (b) mit der Möglichkeit der Teilnahme an der Ausführung der Tat (74–82 ~ 92–104). Bei der zweiten Beweisstufe kommt als eine dritte Partie hinzu, dass sich die beiden Roscier nach der Tat überaus verdächtig verhalten haben (105–123).[15]

Der überaus klaren Architektur der ciceronischen Beweisführung scheint allerdings noch eine gewollte, mit großer Kunst versteckte Eigenschaft zu inhärieren: Ihre Behauptungen entsprechen nicht durchweg den Tatsachen, sodass auch das darauf beruhende, so überaus bestechende dreistufige Schema ins Wanken gerät. Die beiden Roscier erscheinen in Ciceros Darstellung von Anfang an als Paar, verbunden in tödlicher Feindschaft gegenüber Roscius dem Vater (17ff.), und es wird suggeriert, dass die Mordtat ihr gemeinsames Werk war. Sie wenden sich an Chrysogonus, sie paktieren mit ihm. Chrysogonus bringt das Vermögen des alten Roscius an sich, doch Roscius Capito erhält daraus drei Güter und Roscius Magnus wird Verwalter alles Übrigen. Die Bürger von Ameria sind ob dieser Vorgänge empört; sie entbieten eine Gesandtschaft zu Sulla; Chrysogonus verhindert, dass diese vorgelassen wird, und schickt sie mit leeren Versprechungen nach Haus zurück. Roscius Capito, eines der Mitglieder der Gesandtschaft, trägt zu diesem Verlauf der Dinge nach Kräften bei.

Diese Darstellung enthält die Unwahrscheinlichkeit, dass sich Roscius Capito als alter Feind des Ermordeten und Empfänger dreier seiner Güter an einer Gesandtschaft beteiligt haben soll, die die Rückerstattung des konfiszierten Vermögens zum Ziel hatte. Ein solches Maß an Naivität möchte man den Ratsherren von Ameria nicht zutrauen, so sehr auch eine Bemerkung Ciceros (26: *homines antiqui* – „die altmodischen Leute") das Gegenteil nahelegen möchte. So hat man denn mit Recht vermutet, dass Capito die drei Güter erst während der Gesandtschaft erhielt, dass er somit von Chrysogonus bestochen wurde.[16] Dann aber verliert Ciceros These, dass die Ermordung des Roscius ein gemeinsames Werk der beiden Verwandten war, an Glaubwürdigkeit, und die zweite Stufe der Beweisführung, das angebliche Zusammenspiel der beiden „skrupellosen" Roscier, erscheint als Konstrukt. Damit aber drängt sich der Verdacht auf, dass kein anderer als Chrysogonus selbst den alten Roscius hat ermorden lassen, wobei er sich des Roscius Magnus als eines Werkzeugs bedient haben mag. Mit dieser Annahme wäre eine weitere Schwierigkeit der ciceronischen Darstellung behoben: Man müsste nicht mehr fragen, warum sich die beiden angeblichen Mörder erst nach der Tat mit Chrysogonus verständigten und nicht schon vorher.

Die dreigeteilte Beweisführung mit ihren sauber voneinander getrennten Funktionen kaschiert somit allem Anschein nach eine etwas kompliziertere Wirklichkeit. Es fragt sich, was Cicero veranlasst hat, den Richtern gerade diese Version vorzutragen. Er verkündet, wie erwähnt, sogleich zu Beginn, dass Chrysogonus der Hauptnutznießer des Mordes sei, ohne hiermit eine noch so vorsichtige Andeutung von dessen Täterschaft zu verbinden – er wartet stattdessen mit der These vom Komplott der beiden Roscier auf. Offensichtlich wollte er Chrysogonus als den wahren Drahtzieher des Prozesses betrachtet wissen, doch so weit mochte er wiederum in Anbetracht der politischen Verhältnisse nicht gehen, dass er Chrysogonus des Mordes bezichtigt hätte. Bei dem Roscierpaar gab es Verdachtsmomente, und die kamen Cicero wie gerufen, daraus die mittlere Position seiner Beweisführung zu zimmern.

Der Redner hätte, wenn die hier vorgebrachten Vermutungen zutreffen, eine schwierige Gratwanderung unternommen. Er wollte die Mordanklage zurückweisen, ohne sich darauf zu berufen, dass der alte Roscius zu Recht geächtet worden sei. Somit empfahl es sich für ihn, in einer Art Widerklage darzutun, wer in Wahrheit als Täter in Betracht komme; doch hierbei hielt er es für zweckmäßig, Chrysogonus zu schonen, und so entschloss er sich zu der imposanten Dreiteilung der Rollen, die den Kern seiner Beweisführung ausmacht.

## 4 Weitere Beispiele taktisch bedingten Redeaufbaus

Die überlange, durch ihren schaurigen Inhalt ans Moritatenhafte grenzende Rede „Pro Cluentio Habito“ (66 v. Chr.) ist ein besonders eindrucksvolles Beispiel für prozesstaktische Funktionen der Stoffanordnung. In diesem Falle gibt das Plädoyer des Verteidigers Cicero zu erkennen, dass sich schon der Ankläger bei seiner Disposition von prozesstaktischen Erwägungen hatte leiten lassen und von welchen: Cicero konnte nicht umhin, das zweigliedrige Schema der Gegenseite zu übernehmen, und er übernahm es nicht ohne eine wesentliche Änderung. Sein Mandant Cluentius Habitus wurde nämlich zweier Verbrechen bezichtigt: Er sollte mit Gift seinen Stiefvater Oppianicus senior umgebracht haben (dies war der Vorwurf, über den das Gericht zu befinden hatte); er sollte außerdem ein Strafverfahren, das er acht Jahre vor der Verhandlung wegen des angeblichen Giftmordes (74 v. Chr.)

gegen Oppianicus senior angestrengt hatte (der Stiefvater habe seinerseits versucht, ihn mit Gift zu beseitigen), durch Bestechung der Richter zu seinen Gunsten beeinflusst haben. Das zweite Delikt hatte im Verfahren des Jahres 66 v. Chr. lediglich Hilfsfunktion: Der Ankläger wollte mit ihm den eigentlichen Vorwurf, den Giftmord an Oppianicus, als desto plausibler erscheinen lassen.[17]

Der Ankläger namens Attius, der im Auftrage des Oppianicus junior handelte, hatte sich zunächst ausführlich mit der Bestechungsaffäre befasst und dann erst den angeblichen Mordanschlag zu erweisen versucht. Cicero erklärt sofort, dass diese Zweiteilung auch für ihn maßgeblich sei (1); er baut sie jedoch aus, indem er im ersten Hauptteil noch erheblich weiter in die Vergangenheit zurückgreift als sein Gegner – seine Replik verbindet Nachahmung und Überbietung. Der Ankläger hatte den Vorwurf des Giftmords durch den Rekurs auf die Richterbestechung verschärfen wollen; Cicero seinerseits rekurrierte auf die Vorgeschichte der Bestechung, um zu zeigen, dass nicht Cluentius, sondern der seinerzeit unterlegene Oppianicus senior versucht hatte, durch Geld auf die Entscheidung des Gerichtshofs einzuwirken. Der große Rückgriff Ciceros hat zweierlei zum Gegenstand: er befasst sich zunächst mit dem Vorleben des Oppianicus senior und behandelt sodann zwei Prozesse, die dem gegen Oppianicus vorausgegangen waren – Prozesse, die zur Verurteilung zweier Ausführender des Giftmordanschlags auf Cluentius, namens Skamander und Fabricius, geführt hatten.

Die Rede, die sich der schulmäßigen Scheidung von Sachverhaltsschilderungen und beweisenden Partien überhebt (beides ist fast durchweg ineinander verwoben[18]), gliedert sich somit in die folgenden Abschnitte:

- Einleitung (1–9):
  Begründung des Aufbaus der Rede
- 1. Hauptteil (10–160):
  Widerlegung des Vorwurfs der Richterbestechung
  a) Das Vorleben des Oppianicus senior (10–48)
  b) Die Prozesse gegen Skamander und Fabricius (49–62)
  c) Die Bestechung des Gerichtshofs, der Oppianicus aburteilte, und deren Folgen (63–160)
- 2. Hauptteil (160–194):
  Widerlegung des Giftmordvorwurfs
- Schlusswort (195–202)

Eine nicht geringe durch den Aufbau zur Wirkung gebrachte argumentative List steckt sofort im ersten Abschnitt des ersten Hauptteils, in dem der Gegenseite abgelauschten Rückgriff auf die Vergangenheit.

Was die Richter dort zu hören bekamen, war ihnen gänzlich neu; sie mussten das Gefühl haben, dass ihnen der Boden unter den Füßen weggezogen wurde. Cicero bettet die *vita ante acta* des Oppianicus senior in eine Milieuschilderung ein, die in der römischen Literatur kaum ihresgleichen hat. Als Kulisse dient Larinum, ein unbedeutendes Landstädtchen im nördlichen Apulien; dort treiben einige führende, durch mannigfache Blutsbande miteinander verflochtene Familien, denen materieller Besitz über alles geht, ihr Wesen. Es finden Morde, Abtreibungen und Testamentsfälschungen statt, Verbrechen, die vor allem auf die Erlangung von Erbschaften zielen; die Hauptbeteiligten zeichnen sich überdies nicht nur durch schrankenlose Habgier, sondern auch durch sexuelle Zügellosigkeit aus. Der grausige Bericht, der außer Wahrem auch manches Unwahre oder Unbeweisbare enthalten mag, wird seinen Zweck nicht verfehlt und die Geschworenen davon überzeugt haben, dass Oppianicus einem verruchten Milieu entstammte und sich selber durch Verruchtheit hervortat.

Der zweite Abschnitt hat, wie erwähnt, die Prozesse gegen Skamander und Fabricius zum Gegenstand. Hier war Cluentius unbestritten auf legale Weise erfolgreich gewesen: Die beiden wurden als Mittäter bei dem Mordanschlag auf Cluentius verurteilt. Cicero folgert hieraus, dass sich der Gerichtshof, der nunmehr in einem dritten Verfahren Oppianicus für schuldig befand, gar nicht anders entscheiden konnte, da er durch seine eigenen Präjudizien gebunden war. Die drei Prozesse werden auf überaus suggestive Weise als miteinander zusammenhängend hingestellt – in Wahrheit bleibt offen, ob Skamander und Fabricius denn wirklich im Auftrage des Oppianicus handelten.[19]

Es folgt der dritte Abschnitt, der Bestechungsskandal: Cicero tritt jetzt in die Behandlung des Stoffes ein, den bereits der Ankläger erörtert hatte. Schon die Proportionen zeigen, dass er hier die größten Verteidigungsanstrengungen glaubte auf sich nehmen zu sollen; es galt ja die paradoxe These zu erweisen, dass nicht der Sieger Cluentius, sondern der unterlegene Oppianicus die Richter hatte korrumpieren wollen. Zwar hatte sich Cluentius selbst nie wegen der angeblichen Richterbestechung verantworten müssen; bei den Strafurteilen und strafähnlichen Maßnahmen indes, die gegen die käuflichen Richter ergingen, war die Täterschaft des Cluentius stillschweigend vorausgesetzt worden, und die öffentliche Meinung wusste nichts anderes. Cicero hatte gerade hier keinen leichten Stand. Einmal war er im Jahre 74 v. Chr. für die Gegenseite eingetreten – er hatte die Verteidigung des Skamander übernommen – und zum anderen gehörte in der nachfolgenden Zeit auch er zu denen, die annahmen, dass sich Cluentius schuldig gemacht habe.[20]

Er war kühn genug, sich wegen seines Meinungswechsels mit den Worten zu rechtfertigen, die im ersten Kapitel zitiert wurden (s. o. S. 17f.): seine Behauptungen seien vom jeweiligen Parteiinteresse abhängig. Der Sache selbst aber – ob jener Gerichtshof bestochen worden war, und wenn ja, von wem – glaubte er durch folgende Alternative Herr werden zu können (64):

> Niemand wird dem Cluentius so übel wollen, dass er mir nicht wenigstens in dem einen Punkt zustimmt: Wenn feststeht, dass das Gericht bestochen worden war, dann ist es entweder von Habitus oder von Oppianicus bestochen worden; wenn ich beweise: nicht von Habitus, dann habe ich zugleich dargetan: von Oppianicus; wenn ich zeige: von Oppianicus, dann entlaste ich zugleich Habitus.

Diese Alternative ist grundfalsch, und das Richtige hatte Cicero bereits in einer seiner Äußerungen zu dem Skandal verlauten lassen[21]: Beide Seiten, sowohl der Ankläger als auch der Angeklagte, hatten versucht, das Gericht zu bestechen, und hierbei hatte, wie das Ergebnis zeigte, Cluentius die glücklichere Hand. Dass Cicero durchdrang, dass er die Geschworenen von der Richtigkeit seiner Auffassung zu überzeugen vermochte, hatte er gewiss nicht zuletzt der sorgfältigen Vorbereitung des Coups zu verdanken: dem Gemälde vom verbrecherischen Treiben des Oppianicus und der suggestiven Verknüpfung der drei Prozesse, mit denen Cluentius den an ihm verübten Giftmordversuch beantwortet hatte.

Der Rest der Rede braucht hier nicht mehr betrachtet zu werden. Ciceros Taktik war erfolgreich; Cluentius wurde freigesprochen. Nach Quintilian hat sich Cicero später gerühmt *se tenebras offudisse iudicibus in causa Cluentii* – es sei ihm gelungen, den Richtern in dieser Sache Sand in die Augen zu streuen.[22] Mit dieser offenherzigen Bemerkung hat er schwerlich den Mordvorwurf, das formelle Thema der Anklage, gemeint – er zielte wohl eher auf das Hilfsargument der Gegenseite, den Korruptionsskandal. Er hielt es aus Gründen der Prozesstaktik für angezeigt, die Richter hinsichtlich jenes Bestechungsvorwurfs zu täuschen: durch die Schilderung des Milieus in Larinum, durch die Verknüpfung der drei Prozesse, die Cluentius geführt hatte, und durch die falsche Alternative. Offenbar glaubte er befürchten zu müssen, die Richter möchten sich durch die doppelte Last von Bestechungs- und Mordvorwurf zu einem in dem zweiten Punkt ungerechtfertigten Schuldurteil verleiten lassen.

So viel zu prozesstaktischen Maßnahmen Ciceros, wie sie sich bald deutlicher, bald weniger deutlich am Aufbau einiger seiner Reden ablesen lassen. Es wäre möglich, die Reihe noch um manches Glied zu verlängern, nach Art der einlässlichen Untersuchungen von Neumeister, Stroh und Classen, die etliche Stücke mehr enthalten. Stattdessen sei nur noch das Plädoyer „Pro Milone" kurz gewürdigt, eines der berühmtesten Produkte ciceronischer Beredsamkeit, das sich in besonderem Maße für eine Analyse des Verhältnisses von Disposition und Prozesstaktik eignet.[23] Zwar ist Cicero in diesem Falle gescheitert; es gelang ihm nicht, seinem wegen Aufruhrs angeklagten Klienten zu einem Freispruch zu verhelfen, und überdies weicht die überlieferte Fassung der Miloniana mit Sicherheit erheblich von den mangelhaften Darlegungen ab, die der vom Terror eingeschüchterte Redner während der Verhandlung des 8. April 52 v. Chr. in Wirklichkeit vorgebracht hat. Das Experiment, den Gerichtshof zu einer rein politischen Entscheidung zu verleiten, ist gleichwohl überaus aufschlussreich; es zeigt, was Cicero den Adressaten seines Plädoyers zumuten zu können glaubte, was er für durchsetzbar hielt und unter günstigeren Umständen vielleicht auch durchgesetzt hätte.

Milo wurde beschuldigt, seinen und Ciceros Erzfeind Clodius erschlagen zu haben. Der Vorwurf bestand zu Recht, und der Einwand des Verteidigers, Milo habe in Notwehr gehandelt, ließ sich, wie zuverlässig überliefert ist[24], mit dem tatsächlichen Verlauf des Geschehens nicht in Einklang bringen. Die taktischen Kunstgriffe, mit denen Cicero der heillosen Lage zu begegnen suchte, laufen auf zweierlei hinaus: Er gab ein entstelltes Bild vom Sachverhalt und war umso mehr darauf bedacht, für Stimmigkeit innerhalb der Rede, zwischen Sachverhaltsschilderung und Beweisführung, zu sorgen; er suchte die Schwächen der rechtlichen Argumentation durch eine politische Deutung des Falles zu überspielen, die er als *extra causam* befindlich (etwa: über den rechtlichen Aspekt der Sache hinausführend) ausgab, die er jedoch in Wahrheit nicht als etwas Akzessorisches, sondern als die eigentliche Entscheidungsgrundlage betrachtet wissen wollte.

Die Struktur der Rede wartet mit Besonderheiten auf, welche diese Verteilung der Gewichte und somit die taktische Konzeption Ciceros deutlich erkennen lassen:

- Einleitung (1–6):
  Das bedrückende Szenarium der Verhandlung; Milos Verdienste um den Staat kommen erst zur Sprache, wenn feststeht, dass Notwehr vorlag
- Hauptteil (7–91):
  1. Erster Teil der Beweisführung (7–23)
  (rechtliche und politische Voraussetzungen des Falles)
  a) Das Problem der Notwehr (7–11)

b) Die Einstellung des Senats: für Milo (12–14)
c) Die Einstellung des Pompeius: nicht gegen Milo (15–22)
2. Schilderung des Sachverhalts (24–31)
a) Die Tatmotive (24–26)
b) Der Tathergang (27–31)
3. Zweiter Teil der Beweisführung (32–71):
Würdigung des Sachverhalts: die Umstände vor der Tat, die Tatumstände, die Umstände nach der Tat
4. Darlegungen *extra causam* (72–91):
Politische Würdigung: Milo hätte Ehre verdient, wenn er nicht in Notwehr gehandelt hätte

- Schlusswort (92–105):
  Milos heroische Haltung; Cicero übernimmt die Rolle des Bittflehenden

Bereits die Einleitung bringt die für das ganze Plädoyer maßgebliche These: Milos Tat müsste eigentlich politisch gewürdigt werden, als Rettung des Staates aus schwerer Bedrängnis; es lag indes Notwehr vor, sodass die Tat vor dem Gesetz gerechtfertigt ist. Der Aufbau steht ganz im Dienst dieser Sicht, d.h. er legt den Zuhörern nahe, das Notwehrargument als Vorwand gelten zu lassen, damit sie umso ruhigeren Gewissens dem Prinzip des politischen Nutzens Raum geben können. Die eigenwillig vorausgeschickte erste Argumentation zielt auf Rechtsbelehrung und politische Beruhigung; sie und die Partie *extra causam* bewirken, dass der rechtlich relevante Teil der Rede, die Schilderung des Sachverhalts und der daran anschließende zweite Teil der Beweisführung, rings von den politischen Räsonnements umschlossen, ja geradezu umdrängt wird.

# Texttypen in Reden Ciceros

1. Als in den ciceronischen Reden ständig wiederkehrende Texttypen werden unterschieden: narrative, argumentierende und pathetisch appellierende Partien.
2. Je ein Beispiel für die drei Texttypen aus der Rede „Pro Sexto Roscio Amerino". Die narrative Partie wird u. a. mit den Kategorien der Erzählforschung erklärt. Die argumentierende Partie erweist sich als den Regeln der Schlusslogik verpflichtet. Für die pathetisch appellierende Partie sind Imperative charakteristisch.
3. Je ein Beispiel für dieselben Texttypen aus der Rede „Pro Milone". Die Analyse erbringt – im Vergleich mit den vorigen Beispielen – Übereinstimmung im Wesentlichen und situationsbedingte Varianten in der Art der Ausführung. Auch hier sind die narrative und die argumentierende Partie präzise aufeinander bezogen. Der erhabene Stil des pathetischen Appells.

## 1 Drei Texttypen

Von den fünf Phasen der Herstellung einer Rede, welche die rhetorische Theorie zu unterscheiden pflegte, sind die beiden letzten, das Auswendiglernen (mitsamt der Frage nach dem Ausmaß improvisierter Partien) und die Art des Vortrags, für die Nachwelt nicht mehr verfügbar; die Analyse rednerischer Leistungen muss sich, wie im vorigen Kapitel dargetan (s. o. S. 54ff.), an die drei ersten *officia oratoris*, an den dargebotenen Stoff *(inventio)* und zumal daran halten, wie dieser Stoff angeordnet *(dispositio)* und wie er in Worte gekleidet ist *(elocutio)*. Das erstgenannte Untersuchungsziel gilt der Rede im Ganzen, ihrem Aufbau, ihrer Makrostruktur; hierzu wurden im vorigen Kapitel einige Proben vorgeführt, unter Rekurs auf mancherlei neuere Abhandlungen, die sich dieses Themas annehmen. Das zweite Ziel hat den Text selbst bis ins kleinste Detail zum Gegenstand, wobei Wortwahl, Syntax und auch satzübergreifende Zusammenhänge eine Rolle spielen; diese den Mikrostrukturen in Reden sich widmende Betrachtungsweise könnte ihr Material nur erschöpfen, indem sie eine jede Rede von Anfang bis Ende mit einem Kommentar begleitete. Hier müssen einige ausgewählte Partien genügen. Sie entstammen zwei der Reden, die bereits im vorigen Kapitel zur Debatte gestanden haben, den Plädoyers „Pro Sexto Roscio Amerino" und „Pro Milone". Auf die historischen Voraussetzungen dieser Reden sowie auf deren Thematik und auf die taktische Konzeption im Ganzen, die Cicero ihnen zugrunde gelegt hat, braucht daher hier nicht nochmals eingegangen zu werden.

Für Ciceros Dispositionskunst stehen gründliche Abhandlungen zu Gebote.[1] Für Ciceros Überredungsmittel im Kleinen hingegen, für die seiner Ausdrucks- und Argumentationsweise inhärierenden rhetorischen Ziele fehlt es an entsprechenden Untersuchungen. Gewiss haben seine wohlbedachten Formulierungen seit eh und je die Aufmerksamkeit der Interpreten erregt. Es blieb indes meist bei einer individualisierenden, auf den einzelnen Kontext sich konzentrierenden Betrachtungsweise; das Typische, Wiederkehrende in zahlreichen ciceronischen Formulierungen kam weniger in den Blick. Auch hierfür gilt, was Blänsdorf vor etwa zwanzig Jahren für das ganze Gebiet konstatierte: dass es dort – bei der Erforschung von Texttypen – an Theorien und Terminologien nicht mangele, dass jedoch die Anwendung von alledem noch einigermaßen zu wünschen übrig lasse. Blänsdorfs eigener Versuch einer angewandten, auf konkretes Material sich stützenden Typologie unterscheidet drei Arten von Texten: erzählende, argumentierende und diskursive Prosa.[2] Die Beispiele sind u. a. ciceronischen Werken entnommen, der Rede „Pro Milone" und der Schrift „De divinatione". Blänsdorf sucht die Zugehörigkeit der von ihm ausgewählten Proben zu einem bestimmten Typus durch textimmanente Beschreibungen zu erweisen; er rekurriert nicht auf deren jeweilige Funktion im Werkganzen. Die Typologie selbst ist problematisch und jedenfalls unvollständig: der „argumentierende" und der „diskursive" Typ stehen einander überaus nahe; der gerade in Reden wichtige pathetische Typ wird nur einmal im Vorübergehen erwähnt.[3]

Die folgende Skizze steht im Dienste rhetorischer, nicht sprachwissenschaftlicher Absichten. Drei Arten von Texten werden in Betracht gezogen, die Grundtypen von Sprachhaltungen, aus denen Reden zu bestehen pflegen: der erzählende, der argumentierende und der pathetisch appellierende Stil. Die Partien, die diese Haltungen belegen sollen, werden nicht nur aus sich selbst gewürdigt – durch Befassung mit der dort begegnenden Wortwahl und Syntax –, sondern auch durch Hinweise auf die Funktionen, die ihnen im Verhältnis zu den übrigen Teilen der Rede zukommen. Jede Rede ist ja ein Organismus aufeinander bezogener, ineinander verschränkter Teile. Die soeben genannten Texttypen aber begegnen hauptsächlich in je einem bestimmten Teil (im technischen Sinne des Wortes): der erzählende Typ in der Schilderung des Sachverhalts, der argumentierende in der Beweisführung und der pathetisch appellierende im Schlusswort. Es kann erzählende, argumentierende oder pathetisch appellierende Partien auch in anderen

Abschnitten einer Rede geben; grundsätzlich aber sind sie an den genannten Orten zu Hause und erbringen dort den ihnen obliegenden Beitrag zum Ganzen.

## 2 „Pro Sexto Roscio Amerino"

### 2.1 Aus der narratio (14–16)

> *Atque ut facilius intellegere possitis, iudices, ea quae facta sunt indigniora esse quam haec sunt quae dicimus, ab initio res quem ad modum gesta sit vobis exponemus, quo facilius et huius hominis innocentissimi miserias et illorum audacias cognoscere possitis et rei publicae calamitatem.*
>
> *Sex. Roscius, pater huiusce, municeps Amerinus fuit, cum genere et nobilitate et pecunia non modo sui municipi verum etiam eius vicinitatis facile primus, tum gratia atque hospitiis florens hominum nobilissimorum. Nam cum Metellis, Serviliis, Scipionibus erat ei non modo hospitium, verum etiam domesticus usus et consuetudo, quas, ut aequum est, familias honestatis amplitudinisque gratia nomino. Itaque ex suis omnibus commodis hoc solum filio reliquit; nam patrimonium domestici praedones vi ereptum possident, fama et vita innocentis ab hospitibus amicisque paternis defenditur. Hic cum omni tempore nobilitatis fautor fuisset tum hoc tumultu proximo, cum omnium nobilium dignitas et salus in discrimen veniret, praeter ceteros in ea vicinitate eam partem causamque opera, studio, auctoritate defendit. Etenim rectum putabat pro eorum honestate se pugnare propter quos ipse honestissimus inter suos numerabatur. Postea quam victoria constituta est ab armisque recessimus, cum proscriberentur homines atque ex omni regione caperentur ei qui adversarii fuisse putabantur, erat ille Romae frequens atque in foro et in ore omnium cotidie versabatur, magis ut exsultare victoria nobilitatis videretur quam timere ne quid ex ea calamitatis sibi accideret.*

*Ea quae facta sunt indigniora esse quam haec sunt quae dicimus:* Die Wirklichkeit, meint Cicero, sei schlimmer noch als das, was er behaupte. Hiermit verweist er auf das Vorangehende, auf die Einleitung der Rede; der erste Absatz der zitierten Partie bildet das Scharnier, das zwischen der Einleitung und der Schilderung des Sachverhalts vermittelt. Cicero war von der Situation ausgegangen, die er zu Beginn seines Plädoyers vorfand: von dem Erstaunen der Anwesenden, dass gerade er, ein noch ziemlich unbeschriebenes Blatt, die Verteidigung des Sextus

Roscius übernommen hatte. Die bekannten Politiker, legt er dar, wollten sich in dem überaus heiklen Prozess nicht exponieren, und die Nennung der Gründe für dieses Zögern führt sofort auf das wahre Ziel des Prozesses: Chrysogonus will in Sicherheit seine Beute genießen. Die Dynamik der Einleitung, die einem Raubtiersprung gleich schnell und gradlinig auf ihr Ziel lossteuert, ist unübersehbar. *Huius hominis innocentissimi miserias etc.:* Die beiden ersten Glieder dieses Ausdrucks enthalten Topik, das dritte jedoch fasst Bisheriges zusammen: dass bei dem Prozess gegen Roscius auch Politisches auf dem Spiel steht, war von Anfang an gesagt worden.

*Sextus Roscius, pater huiusce ...*: Die Schilderung des Sachverhalts beginnt. Die erste Periode enthält das Soziogramm des älteren Roscius: seine Herkunft und sein Vermögen werden genannt; sie verschaffen ihm eine angesehene gesellschaftliche Stellung in Ameria selbst (einer umbrischen Stadt 80 km nördlich von Rom, heute Amelia), in der Umgebung und sogar in Rom, was der Redner des Näheren erläutert. Jedes Wort ist politisch bedeutsam und hat daher Gewicht für die Perspektive, in die Cicero den Prozess gerückt wissen will. Sulla hatte in der römischen Gerichtsverfassung den Zustand der Zeit vor dem Eingriff des Gaius Gracchus wiederhergestellt: Nicht Ritter, sondern Senatoren waren die Geschworenen, die über den jüngeren Roscius zu befinden hatten (s. o. S. 46). Der Senatsaristokratie war unter Marius und Cinna, in den Jahren 88–82 v. Chr., ein schwerer Blutzoll abgefordert worden; jetzt hatte Sulla gesiegt und mit ihm die alte Ordnung. Ciceros scheinbar so objektive Klassifikation der gesellschaftlichen Stellung des älteren Roscius, insbesondere die Erwähnung dreier hochangesehener, mächtiger Adelsfamilien, der Meteller, Servilier und Scipionen, enthält somit einen unüberhörbaren Appell: „Roscius“, gibt Cicero zu verstehen, „war einer der Euren: seht zu, dass ihr dem Sohn nicht Unrecht tut.“

*Hic cum omni tempore nobilitatis fautor ...:* Aus der sozialen Stellung des älteren Roscius und seinen Beziehungen zum römischen Hochadel ergibt sich seine politische Gesinnung: Er hat immer zur Nobilität, zur Senatsaristokratie gehalten, insbesondere während des jüngsten *tumultus*, wie die Jahre der revolutionären Wirren geradezu beschwichtigend genannt werden. Mit *dignitas* und *salus* ist umschrieben, was auf dem Spiele stand: die Nobilität kämpfte um ihre Privilegien, ja um ihr Leben. Der Schluss der zitierten Partie schildert, wie sich der ältere Roscius nach dem Siege Sullas in dem Bewusstsein, zur guten Sache gestanden zu haben, verhielt – es bedarf kaum des Hinweises, dass auch diese Gegebenheiten nicht Selbstzweck sind, sondern im Dienst der ciceronischen Argumentation stehen.

Die hier zitierte einleitende Partie der Sachverhaltsschilderung berichtet durchweg aus der Perspektive des allwissenden, des olympischen Erzählers, wie die einschlägigen Ausdrücke der am Roman entwickelten, jedoch auf die narrativen Teile anderer Gattungen ebenfalls anwendbaren Erzählforschung lauten.[4] Der olympische Erzähler kennt bereits den weiteren Verlauf all dessen, was er berichtet, bis hin zum Ausgang, und er gibt durch gelegentliche Vorgriffe auf spätere Zeitabschnitte zu erkennen, dass ihm der weitere Verlauf des Geschehens bekannt ist. Ein derartiger den linearen Gang der Ereignisse unterbrechender Vorgriff ist hier in dem Satz *nam patrimonium domestici praedones etc.* enthalten: „Banditen aus der eigenen Familie" haben sich des Vermögens bemächtigt. Sie werden einstweilen noch nicht beim Namen genannt – der Redner möchte auch für Spannung sorgen. Der Gegenbegriff zur olympischen Perspektive ist die personale Erzählhaltung, eine in der Geschichtsschreibung und in Reden viel seltenere Form des Berichts: Der Autor versetzt sich hierbei in den Horizont einer am Geschehen beteiligten Person zurück; der lineare Ablauf wird nie unterbrochen, und das Ende scheint noch ungewiss.

Die olympische Perspektive der Partie 15–16 weiß nur von Zuständen und sich wiederholenden Begebenheiten; sie verweilt im Durativ-Iterativen, wie die hierfür gebräuchlichen Termini der Erzählforschung lauten – Cicero verwendet hierfür das Imperfekt, gelegentlich auch ein konstatierendes Perfekt. Der Bericht einmaliger Ereignisse setzt erst später ein, mit der Ermordung des älteren Roscius und dem, was darauf folgte. Der Erzähler wahrt große Distanz; er schildert gleichsam von höherer Warte aus, ohne Verwendung der 1. und 2. Person (mit der einzigen Ausnahme des „wir" in *ab armis recessimus*). So bildet das Folgende, § 17, einen vernehmlichen Kontrast, *video, audio* und dann die Anrede *iudices*; Cicero ist unvermittelt stärker beteiligt. Stil und Diktion des Ganzen zeigen Schlichtheit, nicht ohne unauffällige Eleganz, wie z. B. in der Wortfolge *hospitiis florens hominum nobilissimorum*. Als leitende Begriffe machen sich *nobilitas* und Sinnverwandtes bemerkbar: auch das Vokabular steht im Dienste der unausgesprochenen Appellfunktion.

## 2.2 „Pro S. Roscio": Aus der argumentatio (125–126)

*Bonorum Sex. Rosci emptor est Chrysogonus. Primum hoc videamus: eius hominis bona qua ratione venierunt aut quo modo venire potuerunt? Atque hoc non ita quaeram, iudices, ut id dicam esse indignum, hominis innocentis bona venisse – si enim haec audientur ac libere dicentur, non fuit tantus homo Sex. Roscius in civitate ut de eo potissimum conqueramur – verum ego hoc quaero: Qui potuerunt ista ipsa lege quae de proscriptione est, sive Valeria est sive Cornelia – non enim novi nec scio –, verum ista ipsa lege bona Sex. Rosci venire qui potuerunt? Scriptum enim ita dicunt esse:* UT AUT EORUM BONA VENEANT QUI PROSCRIPTI SUNT; *quo in numero Sex. Roscius non est:* AUT EORUM QUI IN ADVERSARIORUM PRAESIDIIS OCCISI SUNT. *Dum praesidia ulla fuerunt, in Sullae praesidiis fuit; postea quam ab armis omnes recesserunt, in summo otio rediens a cena Romae occisus est. Si lege, bona quoque lege venisse fateor. Sin autem constat contra omnis non modo veteres leges verum etiam novas occisum esse, bona quo iure aut quo modo aut qua lege venierint quaero.*

*Venio nunc ad illud nomen aureum Chrysogoni:* Mit diesen auf die Etymologie des Namens Chrysogonus anspielenden Worten eröffnet Cicero die dritte Stufe seiner Beweisführung (124), jene Stufe, die den mächtigen Günstling Sullas als den Drahtzieher der ganzen Aktion entlarvt. Der zitierte Abschnitt ist das argumentative Pendant zur zuvor erörterten Partie aus der Sachverhaltsschilderung. Der ältere Roscius war dort nicht nur, wie sich jetzt zeigt, als Angehöriger des Landadels und als Freund der römischen Nobilität hingestellt worden, weil es galt, bei den senatorischen Richtern Sympathie für ihn zu wecken; die Darlegungen sollten auch auf das ungeheuerliche Paradox vorbereiten, dass ausgerechnet sein Vermögen konfisziert wurde, als hätte er zu den Revolutionären gehört.

*Bonorum Sexti Rosci emptor est Chrysogonus:* Hiervon handelt die Partie. Die Aussage gibt den Standpunkt der Gegenseite wieder; man berief sich auf den Vermögenskauf; er war der Rechtstitel des Erwerbs. Cicero fragt indes zunächst noch nicht nach dem Kauf, nach dem Erwerb durch Chrysogonus; er wendet sich mit den Worten *eius hominis bona qua ratione venierunt?* erst einmal der anderen Seite des Handels zu: Wie kam es überhaupt dazu, dass das Vermögen des älteren Roscius konfisziert und versteigert wurde? Er hebt mit einem *primum* an; ihm entspricht später ein *denique* (128): dort erfährt der Zuhörer, dass Cicero auch den Rechtstitel des Kaufs bezweifelte – der Beweis scheint sich in der Lücke der Überlieferung (132) befunden zu haben.

Die Frage *bona qua ratione venierunt* ist noch mehrdeutig. Es folgt daher eine Art Berichtigung *(correctio)*: Cicero fragt nicht nach dem materiellen Grund, nicht danach, ob eine moralische Berechtigung bestand, das Vermögen des älteren Roscius einzuziehen und zu versteigern. Er fragt vielmehr nach dem formellen Grund, nach der gesetzlichen Handhabe. Um seinen Abscheu vor den Proskriptionen auszudrücken, gibt er vor, nicht zu wissen, wer das einschlägige Gesetz eingebracht hat: der Diktator Sulla selbst *(Lex Cornelia)* oder sein Gehilfe L. Valerius Flaccus *(Lex Valeria)*.[5] Cicero führt, nicht ohne das Beweisthema nochmals zu nennen *(bona Sexti Rosci venire qui potuerunt?)*, zwei gesetzliche Tatbestände auf und zeigt, dass keiner von beiden auf den älteren Roscius zutrifft: Er war weder proskribiert, d. h. in der Liste der Geächteten genannt, noch während des Bürgerkriegs auf Seiten der Marianer gefallen. Cicero greift sodann mit wörtlichen Anklängen auf seine Sachverhaltsschilderung zurück: *postea quam ab armis recesserunt, in summo otio rediens a cena Romae occisus est.* Die Argumentation verweilt nunmehr und scheut sich nicht vor Wiederholungen: die Zuhörerschaft erhält Zeit, Ciceros Gedankengang mitzuvollziehen. Mit den „alten Gesetzen" sind die gewöhnlichen gemeint, die das Leben der Bürger schützen, mit den „neuen" die Ausnahmeregelungen, die unter bestimmten Voraussetzungen das Töten von Bürgern gestatteten. Cicero hämmert ein weiteres Mal das Beweisthema ein: *bona quo iure aut quo modo aut qua lege venierint quaero.*

Die Partie zeigt die übliche Zweckform einer Argumentation. Sie verfährt rhetorisch, indem sie insistiert und repetiert; sie verfährt logisch, indem sie den Zuhörern einen Syllogismus unterbreitet. Als Obersatz des Schlusses fungieren die beiden Tatbestände des Gesetzes: das Vermögen derer ist dem Staate verfallen, die in der Liste der Geächteten genannt waren oder auf feindlicher Seite gefallen sind. Der Untersatz besteht darin, dass auf den älteren Roscius weder der erste noch der zweite Tatbestand zutraf. Hieraus ergibt sich als Konklusion, dass sowohl die Tötung des älteren Roscius als auch die Einziehung seines Vermögens jeder Rechtsgrundlage ermangelten. Cicero hat die Konklusion in die Form einer Alternative gekleidet, die aus zwei Kondizionalsätzen besteht, d. h. die Zuhörer werden beteiligt; sie werden aufgefordert, selbst die Schlüsse zu ziehen, zu denen die Prämissen mit Notwendigkeit führen.

Die Partie enthält noch ein weiteres für Argumentationen charakteristisches Merkmal: Sie gibt sich großzügig; sie macht Konzessionen und deutet hiermit an, welche Spielräume dem Sprecher gleichwohl noch zu Gebote stehen, die Richtigkeit seiner Auffassung zu erhärten. So enthalten die beiden soeben erwähnten Bedingungssätze eine – wenn auch rein formale – Konzession: *Si lege* bedeutet im Grunde: „Da nicht von Gesetzes wegen"; *Sin autem constat* aber besagt so viel wie: „Da jedoch feststeht." Eine echte Konzession ist indes in der *correctio* enthalten, die zugleich das Aussehen einer *praeteritio* hat:

Cicero verzichtet auf die Frage nach einem materiellen Grund; er will ungeprüft lassen, ob nicht die Tötung des älteren Roscius auch dann Unrecht gewesen wäre, wenn das Gesetz eine Handhabe hierzu geboten hätte.

## 2.3 „Pro S. Roscio": Aus der peroratio (153–154)

*Quod si id vos suscipitis et eam ad rem operam vestram profitemini, si idcirco sedetis ut ad vos adducantur eorum liberi quorum bona venierunt, cavete, per deos immortalis! iudices, ne nova et multo crudelior per vos proscriptio instaurata esse videatur. Illam priorem quae facta est in eos qui arma capere potuerunt tamen senatus suscipere noluit, ne quid acrius quam more maiorum comparatum est publico consilio factum videretur, hanc vero quae ad eorum liberos atque ad infantium puerorum incunabula pertinet nisi hoc iudicio a vobis reicitis et aspernamini, videte, per deos immortalis! quem in locum rem publicam perventuram putetis!*
*Homines sapientes et ista auctoritate et potestate praeditos qua vos estis ex quibus rebus maxime res publica laborat, eis maxime mederi convenit. Vestrum nemo est quin intellegat populum Romanum qui quondam in hostis lenissimus existimabatur hoc tempore domestica crudelitate laborare. Hanc tollite ex civitate, iudices, hanc pati nolite diutius in hac re publica versari; quae non modo id habet in se mali quod tot civis atrocissime sustulit verum etiam hominibus lenissimis ademit misericordiam consuetudine incommodorum. Nam cum omnibus horis aliquid atrociter fieri videmus aut audimus, etiam qui natura mitissimi sumus adsiduitate molestiarum sensum omnem humanitatis ex animis amittimus.*

Die der Beweisführung entstammende Partie (125–126) griff unüberhörbar auf das ihr entsprechende Stück der Sachverhaltsschilderung (14–16) zurück. Das Beispiel für den dritten Texttyp der ciceronischen Beredsamkeit, der pathetische Appell – es handelt sich um die beiden letzten Paragraphen des Schlussworts –, zeigt demgegenüber keine derart präzise Bezugnahme auf Früheres; es setzt vielmehr das Ganze des Prozesses und seiner politischen Hintergründe voraus. Schon in der Disposition hat Cicero erklärt, dass ihm, dem Anwalt, einzig und allein die Widerlegung des Schuldvorwurfs aufgetragen sei (35); die beiden anderen Punkte, die Bezichtigung der beiden Verwandten und die Entlarvung des Chrysogonus, gehörten bereits zur politischen Dimension des Falles. Später meint Cicero allerdings, seine Widerklage gegen die beiden Roscier sei auch um seines Klienten willen vonnöten (83).

Im dritten Teil der Beweisführung endlich beansprucht er den politischen Aspekt, die zeitgeschichtlichen Voraussetzungen des Prozesses, wieder ganz für sich (129f.), und hierauf kommt er zu Beginn seines Schlussworts zurück (143). Demgemäß spricht er nun, im Epilog, nur die eine Bitte im Namen des jüngeren Roscius aus, Chrysogonus möge sich mit dessen Vermögen begnügen und ihm nicht auch noch nach dem Leben trachten (144f.); der Rest geht auf Ciceros eigenes Konto.

Von den beiden Funktionen, welche die Theorie dem Epilog zuschreibt, trifft man hier nur die eine, wichtigere an. Die an den Intellekt sich wendende Rekapitulation hat Cicero für unnötig erachtet; er konzentriert sich ganz und gar darauf, bei den Richtern Emotionen hervorzurufen. Hier aber steigern sich die Inhalte und der Ton. Der Redner, der, wie dargetan, diese Schlussklimax durch wiederholte Hinweise auf die beiden Aspekte des Falles, den angeblichen kriminellen und den wahren politischen, sorgfältig vorbereitet hat, bittet an erster Stelle um Erbarmen für den Angeklagten, wobei er sich zunächst zum Schein an Chrysogonus wendet (144ff.), und appelliert schließlich an die Geschworenen, die schon vorher seine eigentlichen Adressaten waren, an deren Staatsethos und humane Gesinnung: Sie sollen sich nicht von einer Mafia dazu missbrauchen lassen, Proskriptionen zu verhängen, die schlimmer wären als die vergangenen, durch die Zeitläufte bedingten. Der mit Recht berühmte Schluss des Schlusses zieht eindrucksvoll die grausige Bilanz der Bürgerkriege und warnt vor weiterer Verrohung und deren Folgen.

Die Schilderung des Sachverhalts kam mit Aussagesätzen aus; die Argumentation wurde durch wiederholte Fragen vorangetrieben. Hier hingegen, im Appell an die Richter, herrscht der Imperativ, flankiert von beschwörenden Ausrufen: *cavete, per deos immortalis, iudices; videte, per deos immortalis*. Ein etwas ruhigeres *convenit*, „es gehört sich", löst sodann die Befehle ab, doch unmittelbar darauf hämmert Cicero aufs Neue auf die Richter ein: *tollite, pati nolite*. Das Pathos führt zu Aufschwellungen, gleiche Inhalte werden doppelt und dreifach ausgedrückt. Das erste Beispiel dafür findet sich sogleich im ersten Satz der zitierten Partie: *Quod si id vos suscipitis et ad eam rem operam vestram profitemini, si idcirco sedetis* ... Der ganze erste Absatz enthält zweimal denselben Gedanken: Die Verurteilung des jüngeren Roscius schüfe ein Präjudiz, auch die Kinder der Geächteten zu ächten. Die Perioden sind von verhaltener Eindringlichkeit, fast ohne Figuren (wie die Anapher *hanc – hanc* vor den beiden letzten Imperativen), mit einiger Neigung zu zweigliedrigen Ausdrücken.

# 3 „Pro Milone"

## 3.1 Aus der narratio (28–29)

*Milo autem cum in senatu fuisset eo die quoad senatus est dimissus, domum venit, calceos et vestimenta mutavit, paulisper, dum se uxor, ut fit, comparat, commoratus est, dein profectus id temporis cum iam Clodius, si quidem eo die Romam venturus erat, redire potuisset. Obviam fit ei Clodius, expeditus, in equo, nulla raeda, nullis impedimentis, nullis Graecis comitibus, ut solebat, sine uxore, quod numquam fere: cum hic insidiator, qui iter illud ad caedem faciendam apparasset, cum uxore veheretur in raeda, paenulatus, magno et impedito et muliebri ac delicato ancillarum puerorumque comitatu.*

*Fit obviam Clodio ante fundum eius hora fere undecima aut non multo secus. Statim complures cum telis in hunc faciunt de loco superiore impetum; adversi raedarium occidunt. Cum autem hic de raeda reiecta paenula desiluisset seque acri animo defenderet, illi, qui erant cum Clodio gladiis eductis, partim recurrere ad raedam, ut a tergo Milonem adorirentur, partim, quod hunc iam interfectum putarent, caedere incipiunt eius servos qui post erant; ex quibus qui animo fideli in dominum et praesenti fuerunt, partim occisi sunt, partim, cum ad raedam pugnari viderent, domino succurrere prohiberentur, Milonem occisum et ex ipso Clodio audirent et re vera putarent, fecerunt id servi Milonis – dicam enim aperte non derivandi criminis causa, sed ut factum est – nec imperante nec sciente nec praesente domino, quod suos quisque servos in tali re facere voluisset.*

Gegen Ende der Einleitung (5f.) deutet Cicero an, wie er den Fall aufgefasst wissen möchte und auf welche Positionen seine Verteidigung sich gründet: Die Tat Milos müsste eigentlich politisch gewürdigt werden (sie hat dem Staat einen großen Dienst erwiesen); Cicero will indes diesen Aspekt erst berücksichtigen, wenn die rechtliche Seite der Angelegenheit geklärt ist: dass Milo in Notwehr gehandelt hat. *Nisi oculis videritis insidias Miloni a Clodio esse factas:* „Wenn ihr nicht handgreiflich vor euch seht, dass Clodius dem Milo nach dem Leben getrachtet hat", dann soll es, versichert Cicero, nicht darauf ankommen, was Milo als Politiker geleistet hat. Dasselbe wird alsbald noch einmal gesagt, jetzt ins Positive gewendet: Wenn sich die Nachstellungen des Clodius als sonnenklar erweisen, dann muss es Milo jedenfalls erlaubt sein, sich vor den Anschlägen seiner Feinde zu schützen. *Nisi oculis videritis ... Sin illius insidiae clariores hac luce fuerint:* Cicero verspricht viel, sowohl inhaltlich als auch formal; der Zuhörer erwartet eine ebenso zwingende wie plastische Schilderung des Hergangs.

Überraschenderweise folgt auf diese Darlegung zunächst eine argumentierende Partie, die sich allerdings noch nicht mit der Tat Milos selbst, sondern mit deren juristischen Prämissen und politischen Begleitumständen befasst: was es mit dem Recht der Notwehr auf sich habe und wie einerseits der Senat und andererseits Pompeius, der damals als *consul sine collega* eine der Diktatur ähnliche Machtposition innehatte, Milo gegenüber eingestellt seien. Dann findet sich Cicero zur Schilderung des Sachverhalts bereit; sie ist kurz und besteht aus zwei Teilen: Zunächst wird das Motiv des Clodius, des angeblichen Täters, vorgeführt (24–26); sodann beschreibt der Redner den Tathergang selbst: die Vorbereitungen des Clodius, die unmittelbare Vorgeschichte des Zusammenstoßes sowie das für Clodius tödliche Handgemenge (27–31).

Clodius habe versuchen müssen, Milo zu beseitigen, um seine destruktive Politik betreiben zu können, verlautet zur Frage des Motivs: er bewarb sich damals um die Prätur, Milo hingegen um das Konsulat. Clodius, der von einer bevorstehenden Reise Milos hörte, legte sich beizeiten in einen Hinterhalt, und zwar in der Nähe eines ihm gehörenden Grundstücks: soviel zu den Vorbereitungen.

Bisher war alles aus der Sicht des Clodius geschildert worden: doch nunmehr, zu Beginn der zitierten Partie, erfolgt ein scharfer Wechsel der Perspektive und des Subjekts: Milo rückt ins Zentrum der Schilderung. Die erste Periode weiß von vier Handlungen, die von *cum*-Sätzen eingerahmt sind: Milo ging nach Hause, zog sich um, wartete eine Zeitlang auf seine Frau und brach auf. Die zweite Periode beschreibt die Begegnung – bei Clodius deutet alles auf Zurüstungen für einen Angriff; auf Seiten Milos hingegen herrscht wie zuvor friedliche, geradezu behagliche Bürgerlichkeit.

Der dritte Satz ist von auffälliger Knappheit. Vier kurze Kola hämmern dem Zuhörer ein, dass der Höhepunkt des Dramas erreicht ist: *Fit obviam Clodio – ante fundum eius – hora fere undecima – aut non multo secus.* Das Staccato setzt sich in der folgenden Periode, wenn auch etwas gemildert, fort, bis zum ersten Toten, dem Kutscher Milos. Die Syntax spiegelt die Geschwindigkeit, mit der sich nach Ciceros Version der Überfall des Clodius vollzog. Der Rest besteht aus einem einzigen geradezu kolossalen Satzgebilde; man fragt sich, ob das Gericht die darin geschilderten Vorgänge durch einmaliges Anhören zu erfassen vermochte.

Für den behutsam sich vorarbeitenden Leser sind die Dinge einigermaßen klar. Der einleitende *cum*-Satz enthält die erste Phase des auf den Angriff des Clodius folgenden Kampfgeschehens: Milo beginnt, sich zu verteidigen. Zugleich oder unmittelbar darauf tritt die Gegenseite mit zwei Maßnahmen in Aktion (zweite Phase, gegliedert durch *partim – partim*): Ein Teil der Leute des Clodius sucht Milo vom Rücken her anzugreifen; andere machen sich über die am Schluss des Zuges befindlichen Sklaven her. Nunmehr tritt die dritte und letzte Phase ein, wobei sich der Redner mit einem abermaligen *partim – partim* wieder den Milonianern zuwendet: einige fielen, andere aber taten (was von Cicero mit gesuchter Umständlichkeit umschrieben wird) ihre Pflicht, d. h. sie erschlugen Clodius.

Der Bericht vom Tathergang enthält keinerlei durativ-iterative Zustände oder Begebenheiten; er stellt von Anfang bis Ende einmalige Ereignisse in der Reihenfolge dar, in der sie sich abgespielt haben sollen. Zweimal unterbricht ein kurzer Kommentar des Erzählers das linear sich abwickelnde Geschehen. Die Worte *hic insidiator, qui iter illud ad caedem faciendam apparasset:* „der angebliche Wegelagerer, der die Reise unternommen hatte, einen Mord zu begehen", auf Milo gemünzt, weisen ironisch die Version der Gegenseite zurück. Und die Parenthese *dicam enim aperte etc.* sucht den Bericht von der Tötung des Clodius in das vom Verteidiger Cicero gewünschte Licht zu rücken: Es sei schlechtweg ein Faktum, dass Milo von der tapferen Tat seiner Sklaven, als sie geschah, nichts gewusst habe. Die Perspektive ist, wie üblich, die des allwissenden Erzählers, erkennbar in diesem Falle nicht an Vor- oder Rückgriffen, sondern daran, dass Cicero auch die Motive Beteiligter zu kennen vorgibt: *quod hunc iam interfectum putarent:* „weil sie ihn schon tot wähnten"; *Milonem occisum et ex ipso Clodio audirent et re vera putarent:* „als sie, Milo sei tot, aus dem Munde des Clodius vernahmen und das auch glaubten".

Ciceros in sich stimmiger und insoweit plausibler Bericht hat den tatsächlichen Hergang, der in diesem Falle zuverlässig bezeugt ist, aufs schwerste entstellt. Nach Asconius Pedianus trafen die beiden Gegner zufällig in der Nähe des Städtchens Bovillae (an der Via Appia, etwa 15 km südöstlich von Rom) aufeinander.[6] Dem Reisewagen Milos und seiner Gattin Fausta folgten zahlreiche Sklaven, darunter auch Gladiatoren. Zwei von ihnen fingen mit Leuten des Clodius Streit an. Clodius wurde, als er sich nach dem Lärm umsah, an der Schulter verletzt; man brachte ihn in ein nahes Gasthaus. Milo aber ließ daraufhin das Gasthaus besetzen; Clodius, aus seinem Versteck gezerrt, wurde durch zahlreiche Wunden getötet.

Ciceros Version hat aus einer zufälligen Begegnung einen sorgfältig geplanten Mordanschlag des Clodius gemacht (wie andererseits die Gegenseite das Geschehen als ein mit kalter Berechnung durchgeführtes Attentat Milos betrachtet wissen wollte); sie hat weiterhin die Verwundung und den Abtransport des Clodius sowie die Besetzung des Gasthauses unterschlagen und die Richter stattdessen mit einer puren Erfindung abgespeist. Dem Redner blieb offensichtlich keine andere Wahl; seine Taktik der Verzweiflung konnte nur hoffen, dass die Richter bereit sein würden, fadenscheinige Lügen wider besseres Wissen für die Wahrheit zu nehmen, weil sie Milo wegen seiner politischen Meriten davonkommen lassen wollten.

## 3.2 „Pro Milone": Aus der argumentatio (53–54)

*Videamus nunc id quod caput est, locus ad insidias ille ipse ubi congressi sunt utri tandem fuerit aptior. Id vero, iudices, etiam dubitandum et diutius cogitandum est? Ante fundum Clodi quo in fundo propter insanas illas substructiones facile hominum mille versabatur valentium, edito adversarii atque excelso loco superiorem se fore putabat Milo, et ob eam rem eum locum ad pugnam potissimum elegerat, an in eo loco est potius exspectatus ab eo, qui ipsius loci spe facere impetum cogitarat? Res loquitur ipsa, iudices, quae semper valet plurimum. Si haec non gesta audiretis, sed picta videretis, tamen appareret uter esset insidiator, uter nihil mali cogitaret, cum alter veheretur in raeda paenulatus, una sederet uxor. Quid horum non impeditissimum? vestitus an vehiculum an comes? quid minus promptum ad pugnam, cum paenula inretitus, raeda impeditus, uxore paene constrictus esset? – Videte nunc illum, primum egredientem e villa, subito: cur? vesperi: quid necesse est? tarde: qui convenit, praesertim id temporis? ‚Devertit in villam Pompei.' Pompeium ut videret? sciebat in Alsiensi esse; villam ut perspiceret? miliens in ea fuerat. Quid ergo erat? mora et tergiversatio: dum hic veniret, locum relinquere noluit.*

*Videamus nunc id quod caput est:* „Wir wollen jetzt den Punkt betrachten, auf den es entscheidend ankommt": Cicero markiert den Übergang von den Umständen vor der Tat zum Hergang selbst. Die Partie 53–56 entspricht den Paragraphen 28–29 der Sachverhaltsschilderung. Cicero zieht zunächst Schlüsse aus dem Tatort (53); er wendet sich dann, abermals um für seine Version des Hergangs Argumente zu gewinnen, den Beteiligten zu (54–55) und geht schließlich auf den Hergang selbst ein (55–56). In diesem Falle findet keinerlei Subsumption eines Geschehens unter einen gesetzlichen Tatbestand statt (wie in der Rede „Pro Sexto Roscio Amerino") und auch sonst keinerlei zu logischen Schlüssen auffordernde Argumentation. Es geht um eine *quaestio facti*, um die Frage: Wer hat angegriffen? Cicero sucht durch Anschaulichkeit Plausibilität zu erzielen; der programmatische Satz der Einleitung *Nisi oculis videritis etc.* gilt auch hier, in der Beweisführung.

Die Darlegungen zum Tatort beginnen mit einer täuschenden Alternative[7]: *locus ... utri tandem fuerit aptior*, war er für Milo günstiger oder für Clodius? In Wahrheit war es ja durch Zufall zu der Begegnung und dem Handgemenge gekommen – keiner der Beteiligten hatte sich den Tatort ausgesucht. Die *insanae substructiones*, die „unsinnigen Terrassenbauten", sind hier neu; sie bekräftigen und malen aus, was die Sachverhaltsschilderung durch die Worte *de loco superiore* angedeutet hatte (29). Cicero sucht die Beweiskraft seiner Räsonnements durch Aufschwemmungen zu erhöhen: *Id vero, iudices, etiam dubitandum; Res loquitur ipsa.*

Die Sachverhaltsschilderung hatte zunächst die Protagonisten mit ihren Leuten vorgeführt und dann erst die Lokalität erwähnt, wie es der die Phasen des Geschehens aneinander reihende Bericht verlangte. In der Beweisführung hingegen hat Cicero umgestellt: die Tatbeteiligten mussten dem Tatort weichen. Offensichtlich sollte auch auf diese Weise die Anschaulichkeit gesteigert werden: Die Zuhörer bekommen zuerst das ‚Bühnenbild' gezeigt und dann erst bevölkert sich die Szene – nicht zufällig stellt sich der Redner vor, wie der Vorgang als Gemälde wirken würde: *Si haec ... picta videretis.* Die Folgerungen aus dem Auftreten der Beteiligten setzen die falsche Alternative des Tatort-Abschnittes fort: *uter esset insidiator, uter nihil mali cogitaret:* „wer der Attentäter war und wer an nichts Böses dachte". Die Darlegungen zur Kleidung und zum Gefolge der beiden Gegner entsprechen sehr genau denen der Sachverhaltsschilderung, mit dem Unterschied, dass Cicero in der Beweisführung auf das nachdrücklichste Schlüsse aus dem von ihm herausgearbeiteten Kontrast zieht.

So geht es fort, das abermalige Insistieren auf dem gegensätzlichen Gefolge der beiden und die Ausführungen zum Tathergang (55–56) sind von derselben Machart wie das Bisherige: Cicero bringt vage Plausibilitätsargumente und nichts Handfestes – stattdessen fügt er einige für Clodius wenig schmeichelhafte Einzelzüge hinzu *(ille qui semper secum scorta etc.; inscitiam pransi, poti, oscitantis ducis)*. Er sucht durch sorgfältiges Achten auf Stimmigkeit, durch genaue Kongruenz von Sachverhaltsschilderung und Beweisführung über den Mangel an

Substanz, an faktischer Richtigkeit hinwegzutäuschen. Er setzt ferner auf Suggestion durch Anschaulichkeit und schließlich in der Beweisführung auf die dortselbst üblichen Fragen, die die Richter dazu einladen, die vom Redner gewünschten Schlussfolgerungen selbst zu ziehen.

## 3.3 „Pro Milone“: Aus der peroratio (103–105)

*Utinam di immortales fecissent – pace tua, patria, dixerim: metuo enim ne scelerate dicam in te quod pro Milone dicam pie – utinam P. Clodius non modo viveret sed etiam praetor, consul, dictator esset potius quam hoc spectaculum viderem! O di immortales! fortem et a vobis, iudices, conservandum virum! ‚Minime, minime', inquit; ‚immo vero poenas ille debitas luerit: nos subeamus, si ita necesse est, non debitas.' Hicine vir patriae natus usquam nisi in patria morietur, aut, si forte, pro patria? huius vos animi monumenta retinebitis, corporis in Italia nullum sepulcrum esse patiemini? hunc sua quisquam sententia ex hac urbe expellet quem omnes urbes expulsum a vobis ad se vocabunt? O terram illam beatam quae hunc virum exceperit, hanc ingratam si eiecerit, miseram si amiserit! Sed finis sit; neque enim prae lacrimis iam loqui possumus, et hic se lacrimis defendi vetat. Vos oro obtestorque, iudices, ut in sententiis ferendis, quod sentietis, id audeatis. Vestram virtutem, iustitiam, fidem, mihi credite, is maxime comprobabit qui in iudicibus legendis optimum et sapientissimum et fortissimum quemque delegit.*

Das Schlusswort geht fugenlos aus dem Abschnitt *extra causam* (s. o. S. 69f.) hervor: Milo hat sich um den Staat verdient gemacht, und der schönste Lohn für seine Taten, der Ruhm, wird nicht ausbleiben. Cicero nimmt eine ähnliche Rollentrennung vor wie im Epilog der Rede „Pro Sexto Roscio Amerino“: Da sich Milo, ein roher Raufbold, für das übliche Flehen um Mitleid wenig eignete, bittet er im eigenen Namen darum, während er seinen Klienten zu einem Charakter von stoischer Gelassenheit emporstilisiert. Das gewiss wenig realistische Milo-Porträt füllt die beiden ersten Drittel des Schlussworts (92–101); dann folgt Ciceros bewegte, an tragische Szenen gemahnende Klage: *O me miserum, o me infelicem* (102).

Die zitierte Partie ist in höchstem Maße ein pathetischer Appell. Sie beginnt mit einer Apostrophe an das personifizierte Vaterland; sie schwelgt in Ausrufen, Fragen und Aufforderungen. Noch einmal tritt Milo als die heroische Figur auf, als die Cicero ihn betrachtet wissen möchte, mit einer Antithese, die durch eine Geminatio eröffnet wird. Der hohe Stil zeigt auch sonst reichen Figurenschmuck: Polyptota und im letzten Satz ein Polysyndeton.

Die hier vorgeführten Texte sollen als Beispiele für Erscheinungen dienen, die in allen Plädoyers und großenteils auch in den politischen Reden Ciceros ständig wiederkehren: für das erzählende, das argumentierende und das appellierende Element. Und wie schon erwähnt, gibt für die erstgenannte Funktion der Aussagesatz das Grundmuster ab; für die zweite, die argumentierende, ist der Fragesatz charakteristisch, da er den Zuhörer zum Mitvollzug der Beweisführung nötigt, und für die dritte Funktion, den Appell, benutzt der Redner gern affektbetonte Formen: Befehle, Ausdrücke des Sollens und Ähnliches.

# Anmerkungen

**Anmerkungen zu S. 6 ff.**

[1] Anaximenes, Ars rhetorica 1,2.

[2] Zum Folgenden vgl. VERFASSER, Rhetorik und öffentliche Rede. Über die Ursachen des Verfalls der Rhetorik im ausgehenden 18. Jahrhundert, Konstanz 1983, S.14ff.

[3] W. JENS: Artikel Rhetorik, in: Reallexikon der deutschen Literaturgeschichte, begründet von P. MERKER/ W. STAMMLER, hrsg. von W. KOHLSCHMIDT/ W. MOHR, Bd. 3, Berlin – New York 1977², S. 432ff.

[4] Zum Folgenden s. Ueding/Steinbrink, Grundriss ... [1.16 in den Literaturhinweisen], S. 142ff.

[5] Zum Folgenden s. ebenfalls Ueding/Steinbrink [1.16], S. 157ff.

[6] 2 Bände, München 1960 = [1.11].

[7] Hrsg. von G. UEDING; bisher erschienen sind die Bände 1–3, Tübingen 1992–96.

[8] Hierüber s. z. B. Ueding/Steinbrink, Grundriss ... [1.16], S. 163ff.

[9] Nach K. REISS, Möglichkeiten und Grenzen der Übersetzungskritik, München 1986³; DIESELBE, Textbestimmung und Übersetzungsmethode, in: Übersetzungswissenschaft, hrsg. von W. WILSS (Wege der Forschung 535), Darmstadt 1981, S. 76ff.

[10] Hierzu VERFASSER, Dichtungstheorie der Antike, Darmstadt 1992², S. 70ff.

[11] Fragment 23 Diels-Kranz; S. 92f. in der Ausgabe: Gorgias von Leontinoi, Reden, Fragmente und Testimonien, hrsg. von TH. BUCHHEIM, Hamburg 1989.

[12] So besonders in Kap. 9 der Poetik.

[13] Nach Platon, Phaedrus 273A–C; vgl. Aristoteles, Rhetorica 2,24 1402a 3ff.; Corax et Tisias, Fragment 18 und 20 in: Artium scriptores, hrsg. von L. RADERMACHER, Wien 1951.

[14] Besonders in den Dialogen Gorgias und Phaedrus.

[15] Zum Folgenden s. insbesondere Fey, Das ethische Dilemma ... [1.2], S. 58ff.

[16] Rhetorica 1,2 1357a 4ff.

[17] De inventione 1,1ff.

[18] Sowie im Prozess gegen T. Munatius Plancus Bursa (52 v. Chr.).

[19] Vgl. VERFASSER, Persona. Ein römischer Rollenbegriff, in: derselbe, Brechungen. Wirkungsgeschichtliche Studien zur antik-europäischen Bildungstradition, Stuttgart 1982, S. 26f.

[20] Hierzu VERFASSER, Die Tradition der Rhetorik-Verachtung und das deutsche Bild vom ‚Advokaten' Cicero, Rhetorik 8, 1989, S. 48ff.

[21] Neumeister, Grundsätze ... [4.9]; Stroh, Taxis und Taktik [4.16]; Berger, Cicero als Erzähler [4.2]; Classen, Recht – Rhetorik – Politik [4.5].

[22] *Se tenebras offudisse iudicibus in causa Cluentii*, nach Quintilian, Institutio oratoria 2,17,21.

[23] Zum Folgenden s. Fey, Das ethische Dilemma ... [1.2], S. 104ff.

[24] So W. Jens, a.a.O. (Anm. 3), S. 447.

**Anmerkungen zu S. 25 ff.**

[1] Anaximenes, Ars rhetorica 1,1; vgl. Quintilian, Institutio oratoria 3,4,9. Die vorangehenden drei Gattungen sind später nach Aristoteles hinzugefügt worden; s. hierzu VERFASSER, Untersuchungen zur Textgeschichte der pseudo-aristotelischen Alexander-Rhetorik, Abhandlungen der Akademie der Wissenschaften und der Literatur Mainz, Geistes- und sozialwiss. Klasse 1964,7, S. 150ff.

[2] Aristoteles, Rhetorica 1,3.

[3] Anaximenes 6ff.; Aristoteles 1,2.

[4] Siehe J. STROUX, De Theophrasti virtutibus dicendi, Leipzig 1912; G. A. KENNEDY, Theophrastus and Stilistic Distinctions, Harvard Studies in Classical Philology 62, 1957, S. 93ff.

[5] Hermagoras, Fragmenta, ed. D. MATTHES, Leipzig 1962; hierzu D. MATTHES, Hermagoras von Temnos, Lustrum 1958,3, Göttingen 1959, S. 58ff.

[6] Cicero, Partitiones oratoriae 3.

[7] S. z. B. Lausberg, Elemente ... [1.12].

[8] S. z. B. Ueding/Steinbrink, Grundriss ... [1.16], S. 191ff.: Systematischer Teil.

[9] Fey, Das Antike ... [2.2].

[10] Siehe Lausberg, Elemente ... [1.12] und Ueding/Steinbrink, Grundriss ... [1.16]; dort – S. 236ff. – eine überaus summarische Skizze.

[11] Εἰσαγωγὴ εἰς τὰς κατηγορίας (Quinque voces), in: Aristotelis Opera, ed. Academia Regia Borussica, IV: Scholia, ed. CH. A. BRANDIS, Berlin 1836, S. 1ff.

[12] Das Folgende nach Verfasser, Das systematische Lehrbuch [2.3].

[13] Περὶ τῶν ἐν κεφαλῇ τρωμάτων, in: Hippocrates, Opera, ed. H. KÜHLEWEIN, Bd. 2, Leipzig 1902, S. 1ff.

[14] Ars grammatica, in: Grammatici Graeci I1, ed. G. UHLIG, Leipzig 1883; Dionisio Trace, Τέχνη γραμματική, ed. G. PECORELLA, Bologna 1962.

[15] Cleonides, Isagoge harmonica, in: Musici scriptores Graeci, ed. C. JAN, Leipzig 1895, S. 167ff.

[16] Res rusticae, ed. H. KEIL/ G. GÖTZ, Leipzig 1912²; De lingua Latina, ed. G. GÖTZ/ F. SCHÖLL, Leipzig 1910.

[17] Ed. C. FENSTERBUSCH, Darmstadt 1964 (mit deutscher Übersetzung).

[18] Ed. FR. MARX, in: Corpus medicorum Latinorum 1, Leipzig 1915.

[19] Z. B. in: Fontes iuris Romani anteiustiniani, ed. S. RICCOBONO u. a., Bd. 2: Auctores, ed. J. BAVIERA, Florenz 1940, S. 3ff.

[20] Gaius, Institutiones 1,8ff.

**Anmerkungen zu S. 36 ff.**

[1] Z. B. W. KUNKEL, Wien 1990¹².

[2] TH. MOMMSEN, Römisches Strafrecht, Leipzig 1899.

[3] TH. MOMMSEN, Römisches Staatsrecht, 3 Bde. in 6 Teilen, Leipzig 1887$^{1-3}$.

[4] K. G. GEIB, Geschichte des römischen Criminalprozesses, Leipzig 1842; W. REIN, Das Kriminalrecht der Römer von Romulus bis auf Justinian, Leipzig 1844; A. W. ZUMPT, Das Criminalrecht der römischen Republik, 4 Bde., Berlin 1865ff.

[5] Hierzu VERFASSER, ‚Grundrechte' im Strafprozess der römischen Republik und ihr Widerhall im 18. und 19. Jahrhundert, in: Libertas. Grundrechtliche und rechtsstaatliche Gewährungen in Antike und Gegenwart, hrsg. von O. BEHRENDS/ M. DIESSELHORST, Ebelsbach 1991, S. 104ff.

[6] Nach O. LENEL, Das Edictum perpetuum, Leipzig 1927³, S. 328.

[7] Siehe J. BLEICKEN, provocatio, in: Paulys Realencyclopädie der classischen Altertumswissenschaft, Bd. 23, Stuttgart 1959, Sp. 2456ff.

[8] Z. B. in: Fontes iuris Romani anteiustiniani, ed. S. RICCOBONO u. a., Bd. 1: Leges, ed. S. R., Florenz 1941², S. 84ff.

[9] In seiner Cicero-Biographie 8,1.

[10] Hierzu VERFASSER, Mündlichkeit und fiktive Mündlichkeit in den von Cicero veröffentlichten Reden, in: Strukturen der Mündlichkeit in der römischen Literatur, hrsg. von G. VOGT-SPIRA, Tübingen 1990, S. 53ff.

[11] Siehe Berger, Cicero als Erzähler [4.2].

**Anmerkungen zu S. 54 ff.**

[1] S. hierzu Classen, Ciceros Kunst der Überredung, in: [4.7], S. 149ff.

[2] Diese Dreiheit liegt der Untersuchung von Chr. Neumeister, Grundsätze ... [4.9] zugrunde; vgl. auch J. T. KIRBY, The Rhetoric of Cicero's Pro Cluentio, Amsterdam 1990.

[3] Vgl. Classen [4.7], S. 149f.

[4] Die antike Theorie geizt nicht mit Hinweisen auf diese fundamentalen Voraussetzungen aller Überredung. Bei der Stoffgliederung, griechisch τάξις, gibt schon der Terminus, zugleich ein Wort des allgemeinen Sprachgebrauchs, die Funktion zu erkennen. Die rhetorischen Handbücher beanspruchen zwar die Deutlichkeit (σαφήνεια = *perspicuitas*) speziell für die Darstellung des Sachverhalts; Quintilian bemerkt indes zu Recht, dass sie sich auch für die anderen Teile der Rede empfehle (Institutio oratoria 4,2,35), und bei Hermogenes steht sie an der Spitze der „Ideen", der rhetorischen Grundbegriffe. Verwiesen sei auf das analoge Postulat in der Dichtungstheorie: Das poetische Werk bedarf nach Aristoteles der Überschaubarkeit und Einprägsamkeit, um seine eigentlichen Wirkungszwecke, wie Furcht oder Mitleid, erreichen zu können (Poetik 7).

[5] Hierüber TH. MOMMSEN, Römisches Strafrecht, Leipzig 1899, S. 422ff.

[6] Die Prozesstaktik der Rede Pro Quinctio ist noch nicht hinlänglich untersucht. Verfehlt H.-J. METTE, Der junge Zivilanwalt Cicero, Gymnasium 72, 1965, S. 10ff. („Das ist alles noch nicht gekonnt."); s. einstweilen VERFASSER, in: M. Tullius Cicero, Sämtliche Reden, Bd. 1, Zürich–München 1985², S. 53ff.; D. SCHMITZ, Zeugen des Prozessgegners in Gerichtsreden Ciceros, Frankfurt/M. 1985, S. 19ff. – Das folgende Zitat aus § 36.

[7] Chirius Fortunatianus, Ars rhetorica 3,1.

[8] Siehe z. B. Cicero, De inventione 1,31–33; Quintilian, Institutio oratoria 4,5.

[9] Siehe A. BOULANGER in: Cicéron, Discours, Tome 7 (Collection Budé), Paris 1961³, S. 149.

[10] Die stattliche Literatur zur Rede Pro Roscio Amerino bei CHR. P. CRAIG, Form as Argument in Cicero's Speeches. A Study of Dilemma (American Philological Association: American Classical Studies 31), Atlanta 1993, S. 27, Anm. 1.

[11] Wohl zuerst Fr. Richter, im Kommentar FR. RICHTER/ A. FLECKEISEN, Leipzig 1877², zu § 126 (zitiert nach Stroh, Taxis und Taktik [4.16], S. 61, Anm. 25).

[12] So zuerst R. HEINZE, Ciceros politische Anfänge, in: Vom Geist des Römertums, hrsg. von E. BURCK, Darmstadt 1960³, S. 99, sowie ferner, mit Modifikationen und größerem Nachdruck, Stroh [4.16], S. 61ff.

[13] Siehe VERFASSER, publicatio bonorum, in: Paulys Realencyclopädie der classischen Altertumswissenschaft, Bd. 23, Stuttgart 1959, Sp. 2497.

[14] So jüngst wieder, gegen Heinze, Stroh u. a.; ferner Craig, a.a.O. (Anm.10), S. 30.

[15] Stroh, der sich [4.16], S. 70ff., ausführlich zur Regelhaftigkeit der Argumentation äußert, gelangt zu dem unzutreffenden Schluss, dass sich Cicero dort noch gänzlich abhängig von der hellenistischen Schulrhetorik zeige; in Wahrheit ist das Kernstück der Rosciana trotz oder gerade wegen seiner Regeltreue von großer Überzeugungskraft; es kommt ja nicht nur auf die Erfindung an, sondern auch darauf, wie sich die Erfindung, die Konzeption des Redners, in den Köpfen der Richter festsetzt.

[16] So bereits P. VON DER MÜHLL, Roscius 12, in: Paulys Realencyclopädie der classischen Altertumswissenschaft, Bd. 1A, Stuttgart 1914, Sp. 1120f., sowie vor allem Stroh [4.16], S. 57ff.

[17] So richtig Classen, Recht – Rhetorik – Politik [4.5], S.107ff., gegen Stroh, Taxis und Taktik [4.16], S. 228ff.

[18] S. hierzu Stroh [4.16], S. 210ff.

[19] So richtig Stroh [4.16], S. 211, Anm. 62.

[20] In Verrem 1,39; Pro Caecina 28; Pro Cluentio Habito 104 und 138f.

[21] In Verrem 1,39; vgl. Pseudoasconius, z. St.

[22] Institutio oratoria 2,17,21.

[23] Siehe Neumeister, Grundsätze ... [4.9], S. 83ff.

[24] Durch den ausführlichen Bericht des Asconius, S. 30ff. der Ausgabe von A. C. CLARK, Oxford 1907; auch in: M. Tullius Cicero, Rede für T. Annius Milo, übersetzt und hrsg. von M. GIEBEL, Stuttgart 1972, S. 4ff. – Vgl. unten S. 82f.

**Anmerkungen zu S. 71ff.**

[1] Siehe Neumeister, Grundsätze ... [4.9]; Stroh, Taxis und Taktik [4.16]; Berger, Cicero als Erzähler [4.2]; Classen, Recht – Rhetorik – Politik [4.5].

[2] Blänsdorf, Erzählende ... Prosa [4.3], S.107ff.

[3] Ebendort, S. 115.

[4] Hierzu und zu den folgenden Kategorien der Erzählforschung z. B. E. LÄMMERT, Bauformen des Erzählens, Stuttgart 1975$^{6}$; F. K. STANZEL, Typische Formen des Romans, Göttingen 1976$^{8}$. – Erste Versuche, die Erzähltheorie auf lateinische Prosa anzuwenden, unternahmen z. B. W. GÖRLER, Caesar als Erzähler, Der altsprachliche Unterricht 1980,3, S. 18ff.; VERFASSER, Narrative Techniken im Dienste der Geschichtsschreibung (Livius, Buch 21–22), in: Livius, Werk und Rezeption, Festschrift für E. Burck zum 80. Geburtstag, hrsg. von E. LEFÈVRE/ E. OLSHAUSEN, München 1983, S.19ff.

[5] Hierzu und zum Folgenden s. VERFASSER, proscriptio, die Bekanntmachung, in: Paulys Realencyclopädie der classischen Altertumswissenschaft, Bd. 23, Stuttgart 1959, Sp. 2440ff.

[6] Der Kommentar des Asconius (mit Übersetzung) z. B. in: M. Tullius Cicero, Rede für T. Annius Milo, übersetzt und hrsg. von M. GIEBEL, Stuttgart 1972, S. 4ff.

[7] Vgl. die täuschende Alternative der Rede Pro Cluentio, hierzu oben S. 68.

# Literaturhinweise


**1 Zur antiken Rhetorik**

**1.1** M. L. CLARKE, Rhetoric at Rome, London 1968[4] (deutsch: Die Rhetorik bei den Römern, Göttingen 1968)

**1.2** G. FEY, Das ethische Dilemma der Rhetorik in der Antike und der Neuzeit, Stuttgart (Rhetor-Verlag) 1990

**1.3** M. FUHRMANN, Die antike Rhetorik – Eine Einführung, Zürich 1995[4]

**1.4** K. HELDMANN, Antike Theorien über Entwicklung und Verfall der Redekunst (Zetemata 77), München 1982

**1.5** H. HOMMEL, Rhetorik, in: Lexikon der alten Welt, Zürich-Stuttgart 1965, 2611–2626 (vorzüglicher Überblick)

**1.6** DERSELBE, Griechische Rhetorik und Beredsamkeit, in: Griechische Literatur (Neues Handbuch der Literaturwissenschaft, Bd. 2), hrsg. von E. VOGT, Wiesbaden 1981, 337–376

**1.7** G. A. KENNEDY, The Art of Persuasion in Greece, Princeton (N.J.) 1963 (grundlegend)

**1.8** DERSELBE, The Art of Rhetoric in the Roman World 300 B.C. – A.D. 300, Princeton (N.J.) 1972

**1.9** DERSELBE, A New History of Classical Rhetoric, Princeton (N.J.) 1994

**1.10.** W. KROLL, Rhetorik, in: Paulys Realencyclopädie der classischen Altertumswissenschaft, Suppl-Bd.7, Stuttgart 1940, 1039–1138

**1.11** H. LAUSBERG, Handbuch der literarischen Rhetorik, 2 Bde., Stuttgart 1990[3]

**1.12** DERSELBE, Elemente der literarischen Rhetorik, München 1976[5]

**1.13** A. D. LEEMAN, Orationis ratio – The Stylistic Theories and Practice of Roman Orators, Historians and Philosophers, 2 Bde., Amsterdam 1963

**1.14** H. I. MARROU, Histoire de l'éducation dans l'antiquité, Paris 1965[6] (deutsch: Geschichte der Erziehung im klassischen Altertum, Freiburg-München 1957)

**1.15** E. NORDEN, Die antike Kunstprosa, 2 Bde., Leipzig 1923[4]

**1.16** G. UEDING/ B. STEINBRINK, Grundriss der Rhetorik, Stuttgart 1994[3]

**1.17** G. UEDING, Klassische Rhetorik, München 1995

**1.18** R. VOLKMANN, Die Rhetorik der Griechen und Römer in systematischer Übersicht, Leipzig 1985[2] (veraltet, aber noch stets unentbehrlich)

## 2 Zum rhetorischen System

2.1 K. BARWICK, Die Gliederung der rhetorischen Τέχνη und die horazische Epistula ad Pisones, Hermes 57, 1922, 1–62

2.2 G. FEY, Das Antike an der modernen Rhetorik, Stuttgart (Rhetor-Verlag) 1979

2.3 M. FUHRMANN, Das systematische Lehrbuch – Ein Beitrag zur Geschichte der Wissenschaften in der Antike, Göttingen 1960

2.4 Rhetorik als System (Aufsätze), in: Rhetorik zwischen den Wissenschaften, hrsg. von G. UEDING, Tübingen 1991

## 3 Zum römischen Strafprozess

3.1 J. BLEICKEN, provocatio, strafrechtlicher Terminus zur Herbeiführung des Volksgerichts, in: Paulys Realencyclopädie der classischen Altertumswissenschaft, Bd. 23, Stuttgart 1959, 2443–2464

3.2 M. FUHRMANN, poena, die Buße, die Strafe, ebendort, Suppl.-Bd. 9, Stuttgart 1962, 843–861

3.3 W. KUNKEL, Römische Rechtsgeschichte, Wien 1990[12]

3.4 DERSELBE, Untersuchungen zur Entwicklung des römischen Kriminalverfahrens in vorsullanischer Zeit, Abhandlungen der Bayerischen Akademie der Wissenschaften, Phil.-hist. Kl. N.F. 56, München 1962

3.5 DERSELBE, Zum römischen Strafverfahren (Aufsätze), in: Kleine Schriften, Weimar 1974

3.6 E. MEYER, Römischer Staat und Staatsgedanke, Zürich 1961[2]

3.7 TH. MOMMSEN, Römisches Strafrecht, Leipzig 1899

## 4 Zur Beredsamkeit Ciceros

4.1 K. BARWICK, Das rednerische Bildungsideal Ciceros, Abhandlungen der Sächsischen Akademie der Wissenschaften Leipzig, Phil.-hist. Kl. 54,3, Berlin 1963

4.2 D. BERGER, Cicero als Erzähler – Forensische und literarische Strategien in den Gerichtsreden, Frankfurt a. M. 1978

4.3 J. BLÄNSDORF, Erzählende, argumentierende, diskursive Prosa, Würzburger Jahrbücher für Altertumswissenschaft N.F. 4, 1978, 107–119

4.4 E. BURCK, Ciceros rhetorische Schriften, Der altsprachliche Unterricht 9,1, 1966, 98–128

4.5 C. J. CLASSEN, Recht – Rhetorik – Politik: Untersuchungen zu Ciceros rhetorischer Strategie, Darmstadt 1985

4.6 A. E. DOUGLAS, The Intellectual Background of Cicero's Rhetorica – A Study of Method, in: Aufstieg und Niedergang der römischen

Welt I 3, Berlin–New York 1973, 95–138 (mit Bibliographie zu Ciceros Rhetorica)

**4.7** Eloquence et rhétorique chez Cicéron (Entretiens sur l'Antiquité classique 28), hrsg. von O. REVERDIN/ B. GRANGE, Vandoeuvres – Genève 1982

**4.8** W. KROLL, M. Tullius Cicero (Rhetorische Schriften), in: Paulys Realencyclopädie der classischen Altertumswissenschaft, Bd. 7A, Stuttgart 1939, 1091–1103

**4.9** CHR. NEUMEISTER, Grundsätze der forensischen Rhetorik, gezeigt an Gerichtsreden Ciceros, München 1964

**4.10** Orator perfectus - Ciceros Reden Pro Archia und Pro Ligario und die rhetorische Theorie, hrsg. von N. ZINK, Frankfurt/M. 1975[3]

**4.11** Rede und Redeverwendungen, Der Altsprachl. Unterricht 1996, 1

**4.12** Rede und Rhetorik im Lateinunterricht. Zur Lektüre von Ciceros Reden, hrsg. von G. JÄGER, Bamberg 1992

**4.13** Redekunst und Redelehre, Der Altsprachliche Unterricht 1995, 3

**4.14** Rhetorik am Beispiel Ciceros, hrsg. von M. FUHRMANN/ W. SCHULZE, Der Altsprachliche Unterricht 1986, 2

**4.15** H. K. SCHULTE, Orator. Untersuchungen über das ciceronische Bildungsideal, Frankfurt a. M. 1935

**4.16** W. STROH, Taxis und Taktik. Die advokatorische Dispositionskunst in Ciceros Gerichtsreden, Stuttgart 1975

**Notizen:**

ROTE REIHE

# Cicero-Reden bei Klett

## Pro Milone

Text mit Wort- und Sacherläuterungen; Lernwortschatz; Arbeitskommentar mit Zweittexten, darin: Asconius' Argumentum zur Miloniana

Von E. Bury

**Gesamtausgabe:**

Textband mit Wort- und Sacherläuterungen; Lernwortschatz; Arbeitskommentar mit Zweittexten
**6468**

**Teilausgabe:**

Textband mit Wort- und Sacherläuterungen; Lernwortschatz, 72 Seiten
**64681**

**Lehrerkommentar**

48 Seiten
**64683**

## Pro S. Roscio Amerino

Textauswahl mit Wort- und Sacherläuterungen sowie Lernwortschatz; Arbeitsmaterialien; Lehrerheft

Von Judith Möller; unter Mitarbeit von Christine Binroth-Bank

**Textband** mit Wort- und Sacherläuterungen sowie Lernwortschatz; Arbeitsmaterialien
64 + 24 Seiten
**6469**

**Lehrerkommentar**

**64693** iVb △

## Pro Archia poeta

Textauswahl mit Wort- und Sacherläuterungen sowie einem Arbeitskommentar; Zweittexte

Von E. Siebenborn, in Zusammenarbeit mit H. Steffan

**Gesamtausgabe:**

Textband mit Wort- und Sacherläuterungen sowie Arbeitskommentar; Teilband Zweittexte
32 + 20 Seiten, 78 Seiten
**6341**

**Teilausgabe:**

Textband mit Wort- und Sacherläuterungen sowie Arbeitskommentar,
32 + 20 Seiten
**634110**

Klett

Ernst Klett Verlag
Postfach 10 60 16, 70049 Stuttgart